교육학 개념으로 쉽게 풀이한

임용고시 합격전략

2

| 김기훈 지음 |

임용고시 합격 전문 멘토가 알려 주는

신규 교사가 되고 싶은 당신을 위한 합격 공부법!

좋은땅

서문

설움은 그 사람을 위대하게 만드는 동력인 것 같다. 학창시절 공부를 너무나도 못했던 설움이 이렇게 두 번째 공부 방법 책을 만들어 내는 원동력이 되었으니 말이다. 난 정말 공부를 너무도 못했다. 공부를 하는 방법을 몰랐으니 남들보다 두 배를 더 노력해도 성적은 비슷하거나 그보다 낮았다.

어떻게 하면 공부를 잘할 수 있는지 궁금했지만 물어볼 수도, 물어봐도 제대로 속 시원하게 알려 주는 사람이 없었다. 모든 걸 포기하고 차라리 기술을 배우는 게 낫지 않을까 생각하던 찰나 우연찮게 눈에 띈『공부기술』(조승연 저)이라는 책이 내 인생을 180° 바꿔 놓았다.

그 책의 제목대로 **공부는 기술이다.** 노력은 당연한 것이고 합격, 불합격의 유무를 가르는 것은 임용합격에 최적화된 '전략'을 갖춰 실행하고 있느냐 아니냐의 차이에 따른 것이다. 수도권이든 지방이든 사범대학을 갈 정도면 다들 기본적인 머리는 있는 것이니 IQ는 걱정할 것이 못 된다. 걱정해야 할 것은 내 공부 방법의 효율성 및 효과성이다.

앞서 말했지만 **합격은 누구나 다 하는 '노력'과 누구는 알고 누구는 또 모르는 '전략'의 실행 유무에 달려 있다.** 선천적으로 공부를 잘하는 친구들은 전략을 누가 알려 주지 않아도 내재되어 있어서 자유자재로 구사하는 반면 나와 같은 사람은 누가 알려 주지 않으면 이런 전략들을 몰라 똑같은 경쟁을 하더라도 불리한 위치에서 시작하게 된다. 나는 그런 친구들에게 적어도 시합은 똑같은 위치에서 시작할 수 있도록 '전략'을 알려 주고 싶다. 그래야 공평하지 않겠는가?

이 책은 수험생들이 공평한 게임에 임할 수 있도록 임용 합격에 필요한 공부 전략들을 수록했으며, 중등교원임용시험을 준비하는 모든 수험생들이 볼 수 있도록 '교육학' 개념을 예제로 활용하여 전략을 안내하고 있다. 예제를 보며 전략 사용 방법을 터득한 후 본인 전공과목에 적용하면 된다.

1편에는 **계획, 기출분석, 개념 이해, 개념 구별, 개념 적용, 개념 연결, 예습·복습, 전공서 공부법**을 담았으며 **2편**에는 **단권화, 핵심 문장·핵심 키워드 찾기, 서브노트, 암기, 인출, 논술 작성, 문제 풀이 전략**을 담았다. 1편은 임용 합격에 필요한 기본 공부 전략을, 2편은 합격에 한 걸음 더 가까워질 수 있는 응용 공부 전략을 다룬 것이다. 1편을 꼭 봐야만 2편을 소화할 수 있는 것은 아니니 목차 순서에 상관없이 본인에게 시급하다고 여겨지는 전략을 먼저 봐도 된다.

꼭 당부하고 싶은 말이 있다. 이 책을 100% 활용하고 싶다면 한 번 읽고 책장에 고이 보관해 놓지 말고 항상 가까운 곳에 두고 필요할 때마다 계속 보라는 것이다. 한 번 읽고 말 거면 차라리 이 책을 안 사고 안 읽는 게 낫다. 괜히 눈만 높아지고 본인이 더 나은 상태가 됐을 거라고 착각하기 쉬우니까.

어떤 기술이든 한 번에 익히는 건 엄청난 천재가 아니고서야 불가능에 가깝다. 수영을 배우더라도 수영장에 가서 코치에게 매번 자세와 동작을 교정 받아야 조금씩 나아지지 유튜브 영상으로 수영 방법을 배웠다고 곧바로 수영을 잘할 수 없다는 것은 길게 설명하지 않아도 잘 알 것이다.

공부 전략도 마찬가지다. 전략을 배웠어도 배운 것과 익힌 것에는 차이가 있다. 배웠다는 것은 가르침을 받았다는 의미지만, 익혔다는 것은 배운 것을 토대로 부단한 연습과 시행착오로 '자기화'시켰다는 의미를 지닌다. 이 책에서 소개한 전략들을 익히려면 눈으로 한두 번 읽어서는 어림도 없다. 읽었으면 **적용도 해 보고 시행착오도 겪어 보고 자기에 맞게 변형도 시켜 봐야** 전략을 온전히 '내 것'으로 만들 수 있다. 이 점 꼭 명심하여 이 책의 가치를 온전히 누리길 바란다.

한편, 필자는 '합격스킬'이라는 임용 공부 멘토링 카페도 운영하고 있다. 2012년도에 개설해 7년 가까이 운영해 오고 있는데 이 책을 읽고 이해가 되지 않는 부분이 있다면 https://cafe.naver.com/gongbuskill로 들어와 질문을 남기면 필자가 친절하고 세세하게 답변을 달아 줄 것이다. 또한 온라인 질의응답만으로는 부족하여 직접 만나 본인 자료로 현장 멘토링을 받고 싶거나 전화로 세부적인 코칭을 받고 싶다면 https://cafe.naver.com/gongbuskill/5386 글을 참조해 신청하면 된다.

처음 출간한 책『임용합격스킬』을 2012년 집필할 때 아들이 1살이었는데, 두 번째로 이 책을 출간할 때가 되니 아들이 벌써 초등학교 1학년에 입학한다. 만감이 교차하지 않을 수가 없다. 낮이건 밤이건, 주중이건 주말이건 멘토링과 집필에 주력해 남편으로서 제 역할을 충분히 하지 못했음에도 든든하게 지원해 주고 응원해 준 아내와 아들에게 고마움을 우선 표하고 싶다. 또한 합격 후에 잊지 않고 합격 소식을 전해 주며 멘토링을 지속할 수 있게 힘을 실어 준 선생님들에게도 고맙다는 말을 전하고 싶다. 더불어 이 책에 합격생들의 기운을 불어넣을 수 있도록 본인의 자료를 제공해 주시고 추천사를 써 주신 선생님들에게도 감사함을 전한다.

합격은 운이 아니다. 노력과 전략과 열정의 집합일 뿐이다. 지역 선택에 있어 운이 개입될 순 있지만 합격할 사람은 그 지역운도 다 뚫을 만큼 성실하게 전략적으로 공부하여 당당히 합격한다. 자신의 능력에 대해 의심하지 말자. 능력은 이미 대학을 갈 정도의 머리면 충분히 입증된 것이니 전략 실행의 유무와 노력이 뒷받침되고 있는지를 확인하면 된다. 참고로 필자의 수능 성적은 언어 5등급, 수리 5등급, 영어 3등급이었다. 굳이 성적을 오픈한 이유는 나와 같은 출발 상태에서도 얼마든지 임용고시에 합격할 수 있다는 자신감을 심어 주고 싶어서다. 포기하지 않고 우직하게 나가길 바라며 부디 건승하기를 바란다. 할 수 있다. 포기하지 말자. 파이팅.

저자 김기훈

합격 승전보

〈2019학년도 중등특수〉

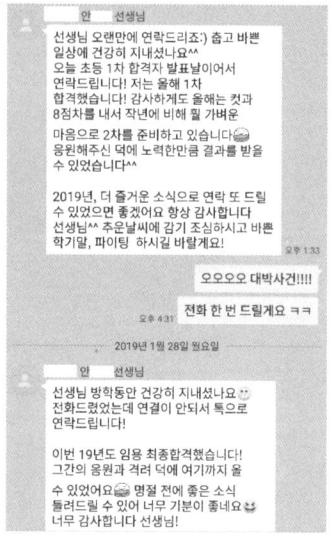

〈2019학년도 초등특수〉

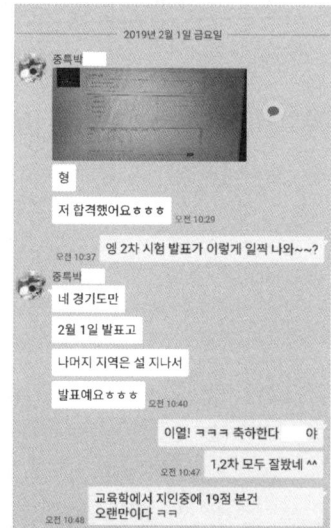

〈2019학년도 중등특수〉

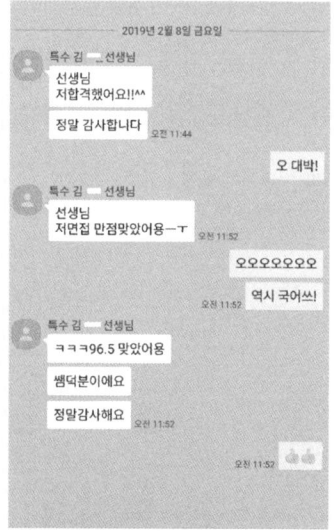

〈2019학년도 중등특수〉

형 ☐입니다!! 전공, 법, 15총론,15교과교육과정 보내드려요 (조금늦었습니다ㅜㅜ 죄송해요) 2019-03-02 (土

보낸사람 ☐☐☐1@naver.com
받는사람 (nice8809178@naver.com)

📎 일반 첨부파일 2개 (223KB)
📎 1. 15개정 교과, 15개정총론_180911.zip 167KB
📎 장특법.hwp 56KB

📎 대용량 첨부파일 1개 (7MB)
📎 15년도 단권화.zip 7MB

법은 약간의 수정이 필요하구요ㅜㅜ (혹시 수정 원하시면 제가 수정해서 보내드릴게요!!) 잡다한게 빼서 보기가 편해요!
총론은 원문을 보기편하게 그냥 편집했어요.
교과두 마찬가지로 중요한 교과로만 했어요!
단권화 저건 조금 오래된거 했어요!!

형 항상 감사해요. 전 형이 아니였으면 이 시험 붙고 못했을꺼에요. 정말이지 형은 존경스럽고 배울점이 많은 것 같아요!!
감사합니다 기훈이형. 항상 건강하시고 하시는 일 모두 모두 잘되시길 기원해요 형!! 새해복 많이 많이 받으세요 ^^ 자주자주 연락드리겠습니다. 전주 한번 놀러갈게요~!!

〈2019학년도 중등특수〉

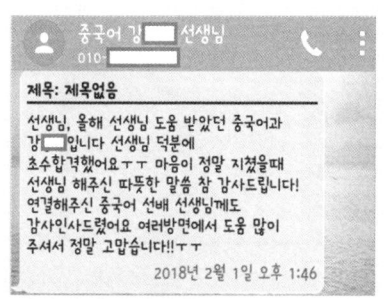

〈2018학년도 중국어〉

〈2018학년도 중등특수〉

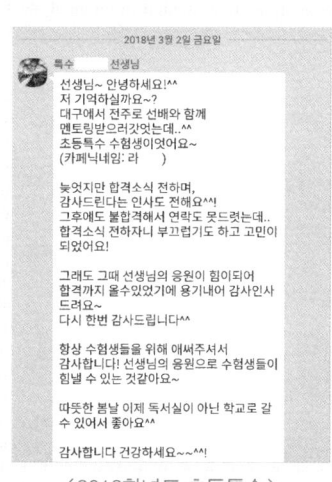

〈2018학년도 초등특수〉

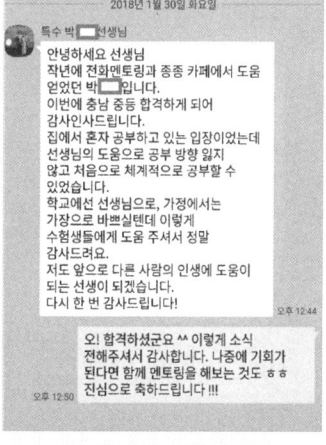

〈2018학년도 중등특수〉

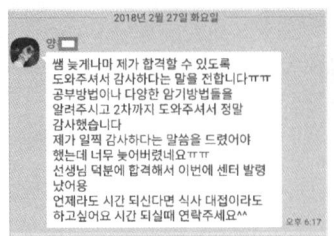

〈2018학년도 초등특수〉

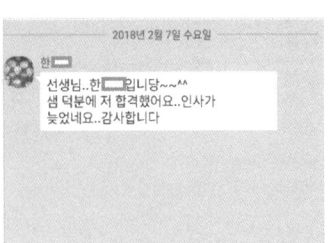

〈2018학년도 중등특수〉

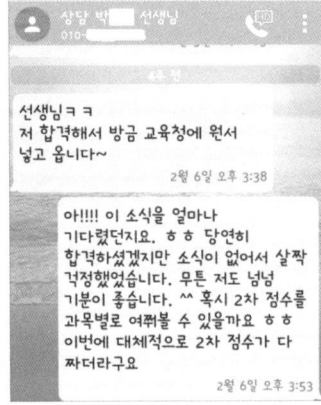

〈2017학년도 상담〉

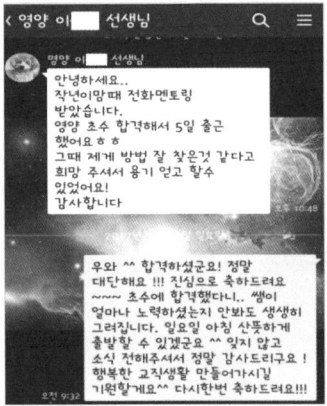

〈2017학년도 영양〉

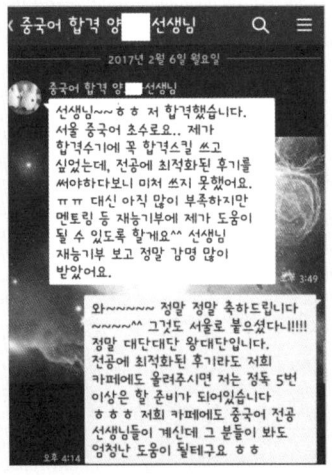

〈2017학년도 중국어〉

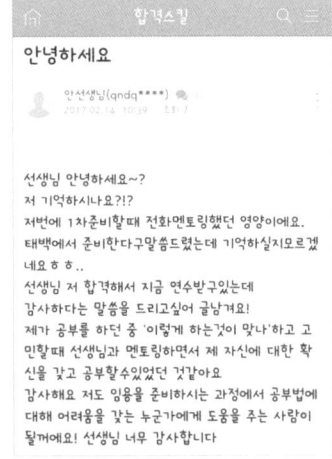

〈2017학년도 영양〉

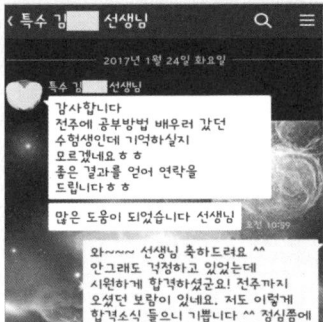

〈2017학년도 초등특수〉

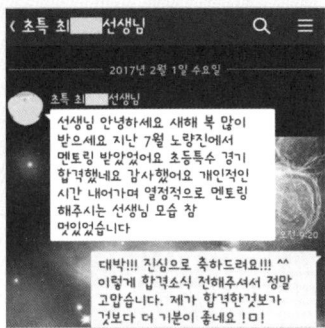

〈2017학년도 초등특수〉

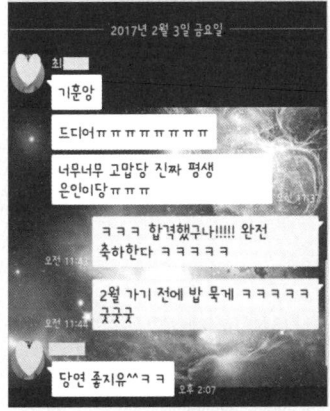

〈2017학년도 중등특수〉

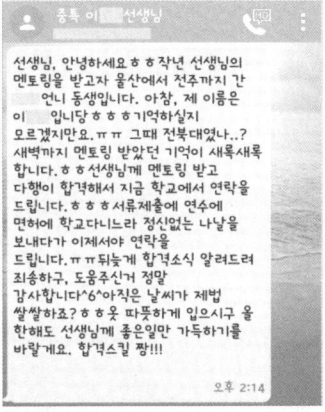

〈2017학년도 중등특수〉

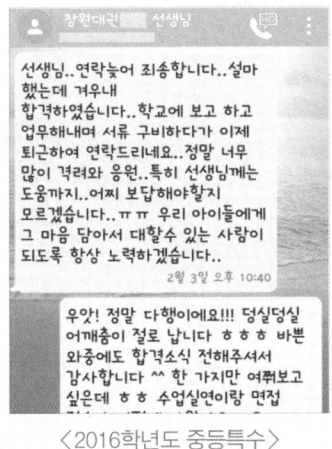

〈2016학년도 중등특수〉

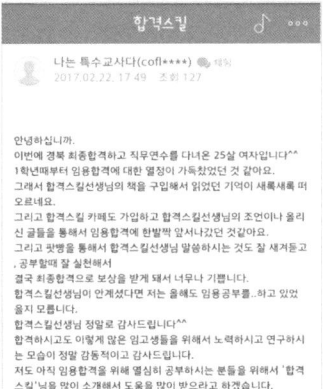

〈2016학년도 중등특수〉

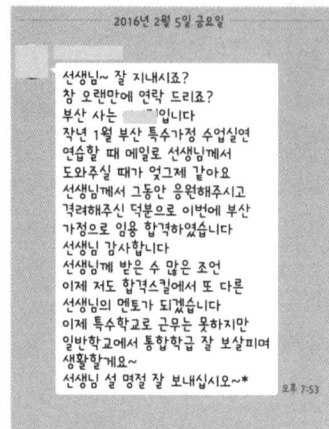

〈2016학년도 가정〉

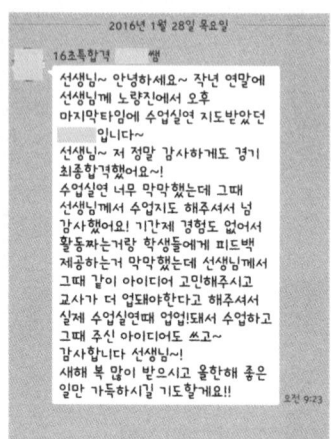

〈2016학년도 초등특수〉

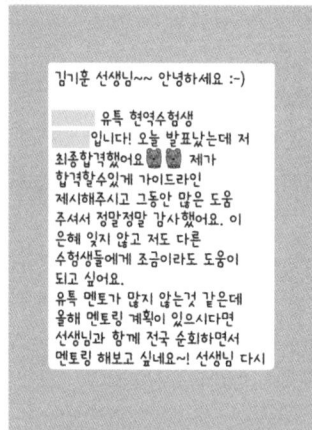

〈2016학년도 유아특수〉

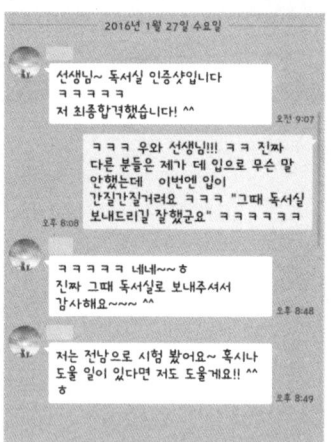

〈2016학년도 초등특수〉

쌤!저 이번에 경기 피드백 받은
___입니다^~최종합격했다
는 소식
전해드릴려구요^^너무너무
감사했습니다 ㅎ

1월 26일 오후 1:34

와!!! 축하드려요 ~^^ 역시
고득점자 ㅎㅎㅎㅎ 경기도
시험전형이 바뀌어서
준비하느라 애쓰셨을텐데 정말
수고 많으셨어요 !!! 나중에

〈2016학년도 초등특수〉

피드백은 힘들고 내일 아침
내로 보내드릴게요!!

1월 3일 오후 9:00

네~ 10시나 11시 이후에
보내볼게요! 감사합니다
선생님!

1월 3일 오후 9:15

선생님 안녕하세요~
___입니다~ 저 합격했어요!
수업실연 피드백 잘 해주셔서
정말 감사합니다!^^

1월 27일 오전 7:56

〈2016학년도 초등특수〉

선생님 ~~ 안녕하세요 ??
😊
저 최종합격해서 지금
교육청에 서류 제출하고 오는
길이에요 !! 선생님께서 2차
피드백도 해주시고 신도림에서
특강도 해주시고 수험생들
위해서 해주신 덕분으로 좋은
결과 있지 않나 싶어요 ㅎㅎ
감사합니다 ~~~😊

2월 4일 오후 5:17

〈2016학년도 중등특수〉

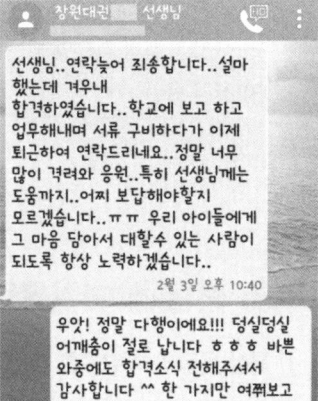

선생님..연락늦어 죄송합니다..설마
했는데 겨우내
합격하였습니다..학교에 보고 하고
업무해내며 서류 구비하다가 이제
퇴근하여 연락드리네요..정말 너무
많이 격려와 응원..특히 선생님께는
도움까지..어찌 보답해야할지
모르겠습니다..ㅠㅠ 우리 아이들에게
그 마음 담아서 대할수 있는 사람이
되도록 항상 노력하겠습니다..

2월 3일 오후 10:40

우앗! 정말 다행이에요!!! 덩실덩실
어깨춤이 절로 납니다 ㅎㅎㅎ 바쁜
와중에도 합격소식 전해주셔서
감사합니다 ^^ 한 가지만 여쭤보고
싶은데 ㅎㅎ 수업실연이랑 면접

〈2016학년도 중등특수〉

목차

9 단권화

10 핵심 문장과 핵심 키워드 찾기

13 인출

14 논술 작성

15 문제 풀이 전략

단권화

눈물을 흘리며
씨를 뿌리는 자는
기쁨으로 거두리로다.

- 시편 126편(성경) -

단권화

1. 단권화란 무엇인가?	• 전공서에서 필요한 내용들을 발췌하여 한 교재로 옮겨 종합본을 만드는 과정
2. 단권화는 꼭 필요할까?	• 단권화의 장점을 생각해보기 　－ 후반부 시간과 노력 절감 　－ 개념 이해에 도움
3. 단권화의 적절 시기는?	• 일반적으로는 기출분석 후 3회독 시기에 • 급하면 기출분석하면서 2회독에 시기에
4. 단권화 방법	• 교재 선택 • 무엇을 옮겨 적으면 되는가? • 실전 연습 　－ 기출문제 확인 　－ 수험서 내용 확인 　－ 전공서로 개념 찾기 　－ 단권화 교재에 옮기기

1) 단권화란 무엇인가?

단권화의 뜻부터 알아보자. '단권화(單券化)'를 한자로 풀이해 보면 '홑 **단**, 문서 **권**, 될 **화**'인데 직역하자면 하나의 책으로 만드는 과정을 말한다. 무엇을 하나의 책으로 만든다는 것인가? 여러 전공서들이다. 전공은 여러 과목으로 나뉘고, 각 과목마다 적어도 1~3권의 전공서들을 봐야 하는데 시험 막바지에 가면 그 책들을 일일이 다시 보기 힘드니 특정 한 권의 책에 핵심 내용을 몰아넣는 과정이 바로 단권화다.

단권화와 서브노트를 헷갈리는 수험생들이 있어서 미리 그 차이점을 말하자면 단권화는 여러 전공서의 산재된 정보를 한곳으로 집약시켜 '개념의 이해도'를 높이는 작업인 반면, 서브노트는 단권화한 자료를 토대로 핵심 키워드를 추려 '암기&인출 연습을 위해 정리'한 노트를 말한다. 쉽게 말해, 단권화는 자료를 모으는 것이고 서브노트는 모은 자료를 토대로 핵심 내용을 간결하게 정리하는 것이다.

2) 단권화는 꼭 필요할까?

7년간 멘토링을 해 오면서 느끼는 것이지만 어떤 과정을 꼭 해야만 합격하는 것이 아님을 말하고 싶다. 단권화도 마찬가지다. 합격생들과 인터뷰를 해 보면 단권화를 안 했어도 합격한 경우가 있었다. 물론 비율로 따지면 단권화를 한 사람들이 많았지만 그건 어디까지나 비율일 뿐 당위성을 내포하는 것은 아니므로 본인이 필요하다고 느낄 경우에 진행하면 된다. 필자는 그저 단권화로 얻는 장점을 소개할 터이니 이 점을 참고하여 단권화 진행 여부를 자유롭게 선택하기를 바란다.

단권화의 가장 큰 장점은 '시간과 노력을 절약'할 수 있다는 점이다. 5~6회독 시기에는 문제 풀이, 모의고사, 암기 및 인출 연습을 하느라 매우 바쁘다. 이 시기엔 1분 1초가 아까운데 필요한 내용을 찾는다고 전공서를 뒤적거리다 보면 20분은 훌쩍 지나가 있다. 시간 관리도 합격의 중요한 변수이므로 나중에 "그 내용이 어디에 있었지?" 하면서 있는 책들을 죄다 뒤지고 싶지 않다면 3~4회독 때부터 단권화를 하면서 하나의 교재에 정보를 집약시켜 놓아야 한다.

두 번째 장점으로는 '개념을 온전히 이해하는 데' 도움이 된다는 점이다. 개념이란 어느 특정 텍스트를 읽는다고 100% 이해되는 것이 아니다. 특히나 강사 교재처럼 압축된 언어로 정리된 자료의 텍스트는 '읽을 수는' 있어도, 그 의미를 정확히 파악하기가 어려울 수 있다.

이게 도대체 무슨 말인지 싶은 독자들을 위해 간단한 예 하나를 들어 보겠다. 한국으로 유학 온 외국인이 책에서 '모범적이다.'라는 말을 처음 접했다고 가정해 보자. '모범'의 사전적 정의인 '본받아 배울 만한 대상'을 읽었다고 '모범적이다.'의 의미를 제대로 이해할 수 있을까? 표면적으로 대강은 이해할 수 있어도 그 깊은 뜻까지 파악하기란 어려울 것이다.

그렇다면 그 외국인이 '모범적이다.'라는 말을 제대로 이해하려면 어떻게 해야 할까? 다양한 경험을 쌓아야 한다. 그 용어가 실제 일상생활에서 어떻게 쓰이는지도 봐야 하고 '모범택시', '모범생', '모범시민'처럼 '모범'의 응용 단어도 살펴보면서 여러 상황과 맥락에서 접해 봐야 한다. 그래야 서서히 '모범'의 의미가 머릿속에 잡힌다.

외국인의 언어 학습으로 비유를 들었지만 개념 이해 과정도 이와 유사하다. 강사 교재의 특정 텍스트만으로 개념을 온전히 이해할 수 있는 사람은 몇 없다. 개념을 이해하려면 그 개념을 설명하고 있는 여러 텍스트를 한데 모아 놓고 같이 봐야 한다. 그래야 개념이 서서히 잡힌다. 이 과정을 유도하는 과정이 단권화이므로 단권화는 개념 이해에 도움이 된다는 것이다.

3) 단권화의 적절 시기는?

　사람마다 개념을 받아들이는 속도와 핵심내용 캐치 및 요약 능력이 다르므로 단권화는 언제 해야 한다고 콕 집어 말할 수는 없다. 이 책에서는 상황과 능력에 따라 대략적인 시기만 안내하고자 하니 참고용으로 봤으면 한다.

　먼저 초수 기준으로 얘기를 하자면 일반적으로 강의를 처음 듣는 1회독 시기에는 복습을 따라가는 것만으로도 벅차므로 단권화는 무리다. 빠르면 2회독에도 단권화를 진행할 수 있겠지만 안정적으로는 3회독에 시작할 것을 권한다. 3회독 정도 시점이 되어야 기출분석을 바탕으로 어떤 개념을, 어떤 세부 내용까지 옮겨 적어야 할지 감이 잡히기 때문이다. 2회독 시점에는 전공서로 기출개념을 이해하고 기출분석을 하는 것만으로도 용한 것이니 무리하게 단권화를 진행하지 않아도 된다. 물론 본인의 평소 공부 실력을 생각해 봤을 때 개념 이해 속도가 빠르고 핵심 내용 캐치 능력이 좋으면 2회독 시점에도 가능은 하다.

　그렇다면 N수생은 단권화 시점을 언제로 잡으면 될까? '기출분석'의 유무로 시기를 결정해야 한다. 작년에 기출분석을 잘 해 놨다면 단권화는 1회독 시점에도 가능하다. 하지만 기출분석도 부족했고, 기출개념도 중학교 학생에게 설명할 수 있을 만큼 정확히 이해가 안 된 상태라면 여러 전공서로 개념을 탄탄히 쌓은 후 2~3회독 시점에 단권화를 진행할 것을 추천한다.

　다시 한번 강조하지만 초수든, N수생이든 단권화는 각 개념을 70% 이상 이해한 상태에서, 그리고 기출분석을 통해 기출개념을 어떤 세부내용까지 적어야 할지 감을 잡은 상태에서 진행해야 한다. 이 두 가지가 전제되지 않으면 내용을 옮겨 적더라도 핵심 문장 및 핵심 단어를 캐치하여 짤막하게 옮겨 적기가 어렵고 시험에 불필요한 내용까지 과하게 옮겨 적는 경우가 발생하기 때문에 공부 효율성이 급격하게 떨어진다. 그러니 꼭 개념 이해와 기출분석이 충분히 이루어진 후 단권화를 진행하도록 하자.

　그럼 단권화는 언제까지 하면 될까? 종결 시기도 딱 정해진 건 아니지만 1차적으로는 8월까지 끝낼 것을 권하고 싶다. 1차 마감 기한을 8월로 정한 이유는 9~10월에는 강사의 문제 풀이와 모의고사를 접하며 새로 접하는 개념이나 부족한 내용을 보충할 수 있는 2차 단권화 시기가 필요하기 때문이다.

　1, 2차에 걸쳐 단권화를 마쳤다면 그 이후로는 이제 손을 떼야 한다. 11월부터는 단권화를 해도 그 내용을 소화할 시간과 여유가 없다. 그때부터는 단권화 교재 혹은 서브노트를 토대로 핵심 내용을 암기하고 인출하는 데 힘을 쏟아야 하며, 답안 작성 연습도 충분히 하면서 혹시 모를 실수로 단 1점이라도 놓치는 일이 발생하지 않도록 만반의 준비를 해야 한다.

이론적으로는 1~2월에 전공 강의를 들으며 부분적으로나마 전공서를 1회독 하고 3~4월에 2회독 할 때나 5~6월 3회독 시점에 단권화를 진행하는 것이 안정적이긴 하지만 이게 어디 마음대로만 되겠는가. 전공마다 1회독을 하는 데 드는 시간이 다 다르기도 하고(보건 과목은 1회독에 6개월이 걸린다고 들었다), 공부 시작 시기도 다르니 위에서 언급한 시기는 정석이라고 받아들이기보다는 참고용으로 여기길 바란다. 그리고 준비 기간이 짧아서 3회독까지 기다렸다가 단권화하기가 어렵다면 2회독에 단권화를 시작해도 된다. 단, 2회독에 진행해야 한다면 적어도 기출분석을 병행하면서 기출포인트를 분명히 파악한 후 단권화를 하도록 하자.

4) 단권화 방법

(1) 교재 선택

단권화를 향한 첫 걸음은 단권화할 교재를 선택하는 데 있다. 대개의 경우 수험서(강사 교재)를 단권화 교재로 삼는데, 수험서는 전공 각 과목의 핵심 개념을 여러 전공서의 텍스트들을 발췌·요약해 만든 것이므로 '뼈대'로 삼기가 좋고, 내용이 두루 갖춰져 있기에 단권화할 양이 적기 때문이다.

그렇다고 꼭 수험서에만 단권화를 해야 하는 것은 아니다. 수험서의 목차 구성이 복잡하고 내용도 부실하다면 각 과목마다 A급 전공서에 단권화를 해도 좋다. 또한 중·고등학교 교과서도 중요하게 봐야 하는 수험생이라면 여러 교과서 중 가장 잘 정리된 교과서 한 권을 정해 단권화를 하면 된다. 교과서마다 예시와 작품은 다를 수 있지만 골격과 내용은 교육과정에 따라 대동소이하므로 단권화할 교과서에 없는 내용만 다른 교과서에서 발췌하여 옮겨 적으면 된다.

(2) 무엇을 옮겨 적으면 되는가?

수험서에서 부족하게 설명하고 있는 기출개념 및 기출관련개념에 대한 내용을 전공서에서 찾아 필요한 부분만 옮겨 적으면 된다. '기출개념'은 임용시험 문제로 직접 출제된 개념을 말하며, '기출관련개념'은 아직 출제되지는 않았지만 단원 내 구조로 봤을 때 기출개념과 상·하 관계 또는 병렬적인 관계를 이루는 개념이어서 앞으로 출제될 가능성이 있는 개념을 말한다.

예를 들어, 2015학년도 상반기 교육학 논술시험의 첫 번째 문항은 기능론적 관점에서 바라본 학교 교육의 '선발·배치 기능'과 '한계'를 물어봤는데, 2015년도부터 공부하는 수험생들은 선발·배치의 기능과 한계를 기출개념으로 삼으면 된다.

한편 이 개념을 공부하기 위해 교육사회학 전공서를 펼쳐 보니 선발·배치 및 한계에 대한 내용 다음에 '기능주의 교육이론의 비판'을 다루고 있다는 것을 알았다고 가정해 보자. 이 부분을 그냥 가볍게 읽고 넘어갈 수도 있겠지만 기출분석을 자세히 해 보니 출제 흐름상 앞으로 시험에서 비판점도 충분히 물을 수 있겠다 싶으면 이 부분을 기출관련개념으로 삼고 단권화를 하면 된다.

주의할 점은 철저한 기출분석에 의해 기출관련개념을 판단하라는 것이다. 그저 감에 의해서 '이게 나올 수도 있을 거야'라는 생각으로 단권화하면 분량이 기하급수적으로 늘어난다. 기출문제의 지문, 예시, 보기, 조건 내용을 꼼꼼히 살펴보면서 지금 보고 있는 개념이 기출개념과 관련이 있는지, 그리고 앞으로 출제될 가능성이 높은지를 따져 가며 단권화를 결정해야 시간과 에너지를 아낄 수 있다.

(3) 실전 연습

백문불여일견(百聞不如一見). 단권화를 직접 해 보자. 단권화는 아래의 4단계를 따라 진행하면 된다.

① 기출문제 확인
② 수험서 내용 확인
③ 전공서로 개념 찾기
④ 단권화 교재에 옮기기

① 기출문제 확인

단권화를 하려면 우선 기출문제부터 확인해야 한다. 기출문제를 확인해야 오늘 공부하려는 범위 내에서 기출개념이 무엇인지 알 수 있고, 그 개념을 어떤 수준까지 심화·확장해서 공부해야 할지 감을 잡을 수 있다. 이 상태에서 단권화를 진행해야 전공서에서 필요한 내용만 쏙쏙 골라내어 넣을 수 있지, 그렇지 않으면 불필요한 내용까지 보이는 대로 다 넣느라 시간을 버리게 된다.

예제로 사용할 기출문제를 준비했다. 1편의 '전공서 공부' 파트에서도 다룬 교육사회학 과목의 '기능론'에 관한 문제다. 문제를 보며 기능론에서도 무엇을 더 자세히 알아야 풀 수 있는지, 즉 기출포인트는 무엇인지 다시 확인해 보자.

〈**지문**〉 먼저 교사로서 우리는 학교 교육의 기능을 이해해야 합니다. 지금까지 학교는 학생들이 사회 구성원으로 올바르게 성장할 수 있는 보편적 가치와 규범을 가르쳐 왔습니다. 그러나 최근 사회는 학교 교육에 다양한 요구를 하게 되면서 학교가 세분화된 직업 집단의 교육 요구를 충족시켜 주기를 원하고 있고, 학교 교육의 선발·배치 기능에 다시 주목하고 있습니다. 그러므로 여러분은 학교 교육의 선발·배치 기능을 이해하는 한편, 이것이 어떤 한계를 갖는지도 생각해야 할 것입니다.

〈**조건**〉 기능론적 관점에서 학교 교육의 선발·배치 기능 및 한계 각각 2가지만 제시[4점]

우리가 알아야 할 기출포인트는 기능론적 관점에서 바라본 학교 교육의 1) 선발·배치 기능과 2) 한계, 이 두 가지다. 기출포인트를 파악했다면 다음 단계로 넘어가 수험서(강사 교재) 내용을 확인하자.

② 수험서 내용 확인

3. 교육의 기능에 대한 이해
  (1) 기능론적 입장
      ① 교육(학교교육)의 기능
      ② 사회화와 선발
      〈사회화〉
      〈학교 선발〉
첫째, 학생의 능력 및 수준을 파악하는 진단과 능력주의에 따른 지위 배분
둘째, 학생들의 능력별 다양한 교육경험 부여로 사회 직업세계에 대한 분류와 여과 기능
셋째, 능력에 따른 지위와 소득의 분배로 개인적 능력의 극대화와 사회 평등에 기여
넷째, 사회적 성취에 따라 사회경제적 지위를 배분함으로써 인력활용을 극대화

『교육학 논술의 패러다임』, EBS 교육학 대표 논술교수 권구현, 밝은내일, 2017, 128쪽

수험서를 보면 알겠지만 '학교교육의 선발'에 대한 내용은 있다. 하지만

기출문제에서 요구하는 '학교교육의 한계'에 대한 내용은 안타깝게도 없다. 그럼 우리가 해야 할 일은? 전공서에서 해당 내용을 찾아 단권화하면 된다. 또한 기출포인트 내용이 수험서에 있더라도 더 심화·확장해서 공부하고 싶다면 마찬가지로 전공서에서 해당 내용을 찾아 단권화하면 된다. 필자는 수험서를 읽으며 아래와 같은 궁금증이 들었다.

[궁금한 점]

"첫째, 학교는 왜 선발·배치의 기능을 담당하게 된 걸까?"
"둘째, 선발·배치 과정에 대한 내용을 좀 더 알고 싶어."
"셋째, 선발·배치의 한계점은 수험서로 확인할 수 없네?"
"넷째, 선발·배치에 대해서 또 나온다면 어떻게 나올 수 있을까?"

③ 전공서로 개념 찾기

단권화를 할 정도면 보통 전공서들을 2~3회독은 했을 시기이므로 찾으려는 기출포인트 내용이 전공서 어디에 있는지 대략적으로 알고 있을 것이다. 정 모르겠다면 전공서의 목차나 색인을 이용해 찾으면 되는데 간혹 색인으로 걸러지지 않을 수도 있으니 개념이 있을 만한 단원을 빠르게 훑어보며 수동으로 찾아보기도 해야 한다. 필자는 위의 궁금증을 해결하기 위해 교육사회학 전공서를 뒤져 가며 아래와 같은 내용들을 찾을 수 있었다.

궁금증 1. 학교가 선발·배치 '기능'을 담당하게 된 이유

이 세상에는 수많은 직업이 존재하며 일의 종류에 따라 지위와 역할이 달라지며, 지식과 기술 등의 자질이 다르게 요구된다. 특히 산업 및 사회구조가 급격히 변하는 현대 사회는 기술 및 전문 인력을 점점 더 요구하게 되며, 교육체제는 직업세계의 분화에 따라 다양한 분야에 적합한 사람을 선발하여 길러 내는 역할을 효과적으로 수행해야 한다(김병성, 1990: 49).

『교육사회학 제3판』, 김경식 외 4명, 교육과학사, 2011, 42쪽 수정발췌

전공서 내용을 보면 첫 번째 궁금증을 해결할 수 있다. 학교가 선발·배치 기능을 담당하게 된 이유는 급격히 변하는 현대 사회에서 기술 및 직업은 점점 분화되고 있는데 그에 따라 적합한 사람을 학교에서 선별하여 배출해야 하기 때문이다(사실 이 내용은 앞에서 살펴본 논술 기출지문에도 확인할 수 있다). 위 내용을 다음과 같이 요약하여 수험서에 넣으면 그게 바로 단권화다.

요약
세분화되어 가는 직업의 종류와 역할에 맞게 학생들을 선발 및 배치하려고

다음으로 두 번째 궁금증에 대한 전공서 내용도 살펴보자.

궁금증 2. 선발 · 배치의 '과정'

파슨스는 초등학교에서 대학에 이르기까지의 선발과정을 비교적 자세히 묘사하였다. 그는 미국의 학교교육이 가장 가치롭게 여기는 것은 성취지향성이어서 학생 개개인의 성적을 중시하고 성적을 기준으로 삼아 선발을 해 나간다고 말한다.
중등학교에서는 성적이 '질적으로 분화'된다. 파슨스에 의하면 대학교육을 받기에 적합한 사람인가 아닌가로 나누고, 대학진학에 적합하지 않은 사람은 중등학교를 마치고 사회에 나가 담당할 직업의 종류에 따라 분류되어야 하기 때문이다. 그런 의미에서 학교의 선발기능은 이 시기에 가장 뚜렷하게 드러난다. 특히, 대학진학에 적합한 사람과 아닌 사람의 선별은 대학진학이 높은 사회적 지위를 획득할 수 있는 길이 되기 때문에 모든 사람의 관심이 되고, 그만큼 경쟁도 치열하다.

『교육사회학 제5판』, 김신일, 교육과학사, 2015, 67, 69쪽 내용 수정발췌

당연한 얘기인 것 같고, 우리들도 겪은 과정이지만 전공서로 읽으면 막연했던 선발·배치 과정을 이론적으로 정리해 볼 수 있다. 기능론적 관점에서 바라봤을 때 사회의 높은 지위는 한정되어 있기 때문에 좋은 대학을 가는 것이 중요한데, 좋은 대학을 갈 인재를 선별하기 위해 '성적'을 기준으

로 삼아 선발·배치를 하는 것이다. 이렇게 전공서를 발췌해서 보면 기출 개념(학교의 선발·배치 기능)을 깊이 있게 바라볼 수 있다. 기출개념을 심화·확장하는 것. 이게 바로 내공이자 경쟁력이자 전문성이다. 위 내용을 단권화한다면 아래와 같이 요약할 수 있겠다.

요약
좋은 대학을 갈 인재를 선별하기 위해 '성적'을 기준으로 삼아 선발·배치를 한다.

세 번째 궁금증은 선발·배치의 한계에 대한 내용이다. 앞에서 본 수험 서에 없었던 기출내용이므로 전공서에서 반드시 찾아 단권화해야 한다.

궁금증 3. 학교 교육의 선발·배치 기능의 '한계'

- 학교의 선발기능이 갖는 부정적 효과에 대한 비판도 제기된다. 학교의 선발기능이 강화되면 될수록 그만큼 학력주의적 사회질서의 지배가 더욱 굳혀지면서 여러 문제점이 파생된다.

- 첫째, 특정한 학교졸업자가 조직 내에서 배타적인 집단, 즉 '학벌'을 만들고 특권적 지위의 독점을 꾀하고 있다.

- 둘째, 학교가 학력(學歷) 취득의 장으로 변질된다. 본래 교육적 의미에서 시험은 목표 달성도를 확인하여 교수학습의 과정을 돕고 개선하기 위한 것이다. 그럼에도 학력(學力)시험은 오직 교육적 선발수단으로 사용되고, 또 졸업증서의 취득은 실제로 교육을 통하여 무엇을 습득하는가와 관계없이 그것 자체가 자기목적화하고 있다.

- 셋째, 모든 학생이 학교제도 내부에서 행해지는 교육적 선발과정에 '강제'적으로 참가하는 것과 관련된다. 중도 탈락, 낙제, 일탈적 행동 등 현대 학교교육에 나타나는 여러 가지 병리는 학력주의가 성공함으로써 그러한 취학과 경쟁에 참여하는 것이 사회적 의무로 되었기 때문이다.

- 넷째, 교육적 선발은 과연 '능력'의 원리를 바탕으로 공정하고 합리적으로 이루어지고 있는가 하는 문제다. 기회불평등의 원인 중 하나는 가정의 교육비 부담능력이다.

『교육의 사회학적 이해 제4판』, 김천기 저, 학지사, 2013, 40~41쪽 수정발췌

마찬가지로 위의 내용도 아래처럼 요약하여 단권화하면 된다.

요약
• 학벌 형성하여 특권적으로 지위 독점
• 학교가 학력 취득의 장으로 변질
• 강제적 선발 과정 참여로 병리현상(중도 탈락, 낙제, 이탈 등)
• '능력'을 바탕으로 한 공정한 선발인지에 대한 불분명성

마지막 궁금증은 과거-현재의 관점에서 나아가 '미래'의 관점에서 앞으로 기출개념이 어떻게 나올 수 있을지를 생각해 본 것이다. 기출개념은 늘 심화·발전되어 출제되므로 그에 대한 준비도 필요하다. '학교 교육의 선발·배치와 관련하여 어떤 포인트가 또 출제될 수 있을지'를 생각하며 다른 강사의 수험서도 살펴보다 보면 아래와 같은 내용을 찾을 수도 있다.

궁금증 4. 앞으로 '선발·배치에 대해' 무엇이 나올 수 있을까?

〈학교에서의 선발·배치 전략〉
- 학습능력에 맞는 학습방법, 반편성이 고려되어야 한다.
- 적성·학습능력에 맞는 교과과정을 제공한다.
- 아동들의 학업성취에 대한 평가도 다양한 평가방법으로 이루어져야 한다.
- 아동의 능력에 따른 교과과정·반편성·교과배치 간의 연계성이 고려되어야 한다.

『ET 김인식 교육학 논술개념잡기(상)』, 김인식, 박문각에듀스파, 2013, 430쪽 수정발췌

간혹 기존 수험서나 전공서에서 쉽게 찾을 수 없는 내용을 이렇게 다른 강사의 수험서에서 찾을 수도 있으니 시간적, 경제적 여유가 있다면 타강사 수험서도 구해 함께 봤으면 한다. 개념을 더 폭넓게, 깊게 바라볼 수 있으므로 개념을 정확히 이해하는 데 도움이 되며, 기존 강사가 미처 다루지 못한 출제 예상 포인트들도 확인할 수 있게 된다. 꼭 새 책이 아니어도 괜

찮으니 중고로 1~2년 전 수험서라도 구해 보자.

④ 단권화 교재에 옮기기

필요한 내용을 찾아 공부했다면 이제 그 내용을 요약하여 단권화 교재에 옮기면 된다. 요약할 때는 충분한 이해를 바탕으로 저자가 말하려는 요지가 무엇인지 파악하여 '핵심 키워드' 위주로 간단히 정리하면 된다(핵심 키워드를 찾는 방법은 다음 편에서 더 자세히 다룬다).

핵심키워드가 잘 안 보이면 기출문제의 도움을 받으면 된다. 기출문제에서 해당 개념을 어떻게 서술했는지 참고하여 그와 비슷한 용어를 전공서에서 추출하면 된다. 이게 무슨 말인지 이해할 수 있도록 기출문제와 전공서 내용을 준비했다. 두 자료는 기능론적 관점에서 바라본 학교교육의 선발·배치의 기능을 다루는데, 어떤 표현(단어)이 공통적으로 들어가는지 살펴보자.

2015학년도 상반기 교육학 시험 지문

최근 사회는 학교 교육에 다양한 요구를 하게 되면서 학교가 세분화된 직업 집단의 교육 요구를 충족시켜 주기를 원하고 있고, 학교 교육의 선발·배치 기능에 다시 주목하고 있습니다.

전공서 내용

이 세상에는 수많은 직업이 존재하며 일의 종류에 따라 지위와 역할이 달라지며, 지식과 기술 등의 자질이 다르게 요구된다. 특히 산업 및 사회구조가 급격히 변하는 현대 사회는 기술 및 전문 인력을 점점 더 요구하게 되며, 교육체제는 직업세계의 분화에 따라 다양한 분야에 적합한 사람을 선발하여 길러내는 역할을 효과적으로 수행해야 한다(김병성, 1990: 49).

『교육사회학 제3판』, 김경식 외 4명, 교육과학사, 42쪽 수정발췌

공통적으로 들어가는 단어로는 '(세)분화', '직업 집단(세계)', '선발(+배치)' 정도가 있다. 이 단어들을 뼈대로 삼고 나머지 살을 붙여 요약을 하면 된다. 꼭 기출문제에서 사용된 용어로만 요약해야 하는 것은 아니다. 전공서에서 사용된 용어가 더 직접적이고 본인에게 와닿으면 그 용어를 선택하여 요약해도 된다. 필자는 두 가지 스타일로 요약해 봤다. 필자보다 더 요약을 잘하는 사람도 있을 것이니 참고 용도로만 보자.

요약	
기출표현 중심	세분화되어 가는 직업 집단의 요구에 맞게 학생들을 선발 및 배치하려고
전공서 중심	세분화되어 가는 직업 세계에 적합한 학생들을 선발 및 배치하려고

한편 요즘 수험생들 중에는 단권화 교재에 기출문제의 지문이나 보기까지 넣기도 하는데(다음 쪽 그림 참조) 나로서는 괜찮은 방법이라 생각한다. 왜냐하면 나중에 단권화 교재만 보더라도 이 개념이 시험에서 어떻게 나왔는지를 바로 확인할 수 있기 때문이다. 또한 이렇게 기출문장을 적어 놓으면 나중에 답안 작성 연습을 할 때도 도움이 된다. 답안을 작성하다 보면 간혹 개념 이해는 했으나 어떤 단어로 개념을 표현해야 할지 막막한 경우가 있는데 이때 기출문제에 사용된 단어를 뼈대로 삼고 살을 붙인다면 비교적 명료한 답안 작성이 가능해진다(기출문제에 사용된 용어들은 군더더기가 적고 공인된 용어로 구성되어 있다).

그러니 단권화를 할 때는 기출문장도 해당 개념 바로 옆에 적어 보기를 바라며 암기&인출 연습을 할 때도 기출문장에 들어간 단어를 토대로 연습해 나중에 깔끔하고 안정적인 답안을 만들 수 있도록 해 보자.

합격생의 조언

요약하기 어렵거나 요약을 해도 분량이 많아 일일이 손으로 옮겨 적기 힘들다면 그런 내용을 모아 둔 다음 집중이 안 되는 시간대에 타이핑을 치거나 사진으로 찍어 출력한 후 단권화하는 방법도 있습니다. 또한 아직 단권화할지 말지 감이 안 잡히는 내용이라면 단권화 교재에 책 제목과 페이지만 표시하고 다음 회기 때 다시 보면서 단권화 여부를 결정하면 됩니다.

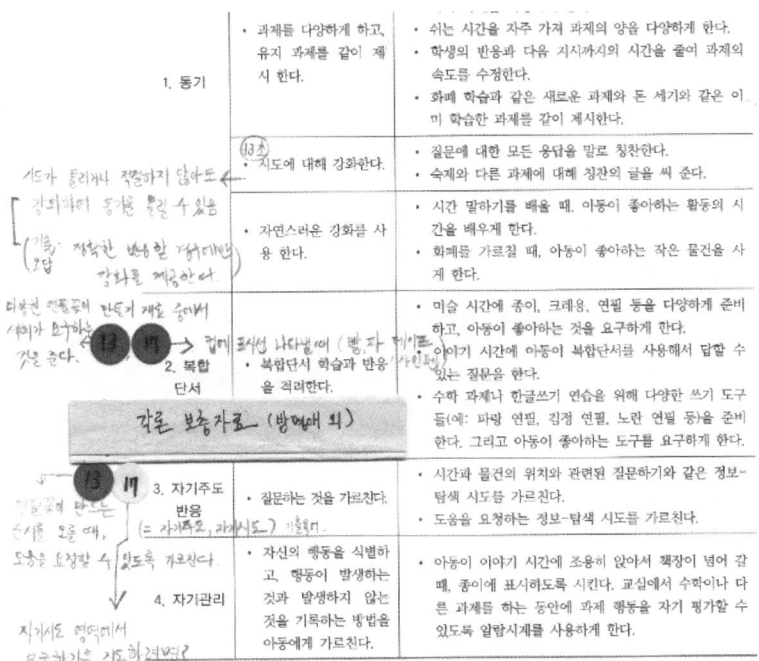

* 개념 옆에 기출문제의 보기와 지문을 넣었으며, 출제년도까지 표시해 두었다. 출제년도와 문제 번호까지 적어 두면 기출문제를 다시 자세히 보고 싶을 때 신속히 찾기가 편하다. 또한 이 개념 이 최근에 출제된 개념인지, 오래된 개념인지, 지금까지도 꾸준히 출제되고 있는 개념인지를 알 수 있으므로 현재 공부하려는 개념의 출제 비중이나, 중요도, 앞으로의 경향까지를 알려 주 는 지표로 삼을 수 있다.

(전공서에서 발췌한 내용은 교재 내용을 가리지 않기 위해 포스트잇에 적어 놓되 접어 두었다).

3. 교육의 기능에 대한 이해
 (1) 기능론적 입장
    ① 교육(학교교육)의 기능
    ② 사회화와 선발
      〈사회화〉
      〈학교 선발〉

* 학교의 선발 · 배치 기능(전공서에서 발췌)

점점 세분화되어 가는 직업 세계에 적합한 학생들을 선발 및 배치

* 선발 · 배치에 대한 기출문제의 지문, 보기 발췌

01초등 12번. "학교는 사회가 필요로 하는 인재를 선발하여 적재적소에 배치하는 역할을 수행한다."
15 상반기 논술. "최근 사회는 학교가 세분화된 직업 집단의 교육요구를 충족시켜 주기를 원하고 있고"

③ 선발 · 배치의 기능(원래 단권화 교재에 있는 내용)

첫째, 학생의 능력 및 수준을 파악하는 진단과 능력주의에 따른 지위 배분
둘째, 학생들의 능력별 다양한 교육경험 부여로 사회 직업세계에 대한 분류와 여과 기능
셋째, 능력에 따른 지위와 소득의 분배로 개인적 능력의 극대화와 사회 평등에 기여
넷째, 사회적 성취에 따라 사회경제적 지위를 배분함으로써 인력활용을 극대화

* 학교의 선발 · 배치 과정(전공서에서 발췌)

좋은 대학에 갈 인재를 선별하기 위해 '성적'을 기준으로 삼아 선발 · 배치를 한다.

* 학교의 선발 · 배치 기능의 한계(전공서에서 발췌)

- 학벌 형성하여 특권적으로 지위 독점
- 학교가 학력 취득의 장으로 변질
- 강제적 선발 과정 참여로 병리현상(중도 탈락, 낙제, 이탈 등)
- '능력'을 바탕으로 한 공정한 선발인지에 대한 불분명성

단권화 교재: 『교육학 논술의 패러다임』 EBS 교육학 대표 논술교수 권구현, 밝은내일, 2017, 128쪽

한눈에 정리하기

단권화

1. 단권화란 무엇인가?	· 전공서에서 필요한 내용들을 발췌하여 한 교재로 옮겨 종합본을 만드는 과정
2. 단권화는 꼭 필요할까?	· 단권화의 장점을 생각해보기 　－ 후반부 시간과 노력 절감 　－ 개념 이해에 도움
3. 단권화의 적절 시기는?	· 일반적으로는 기출분석 후 3회독 시기에 · 급하면 기출분석하면서 2회독에 시기에
4. 단권화 방법	· 교재 선택 · 무엇을 옮겨 적으면 되는가? · 실전 연습 　－ 기출문제 확인 　－ 수험서 내용 확인 　－ 전공서로 개념 찾기 　－ 단권화 교재에 옮기기

I 함께 풀어 봐요, 너와 나의 연결 고민

Q. 단권화를 하기 위해 전공서들을 보며 해당 내용을 발췌해 봤는데, 같은 의미지만 서로 다른 표현인 경우에는 어떻게 하나요?
- 5zin**** 님

A. 그래서 기출을 제일 먼저 봐야 하는 것입니다. 해당 내용을 공부하기 전 기출문제의 지문, 보기, 조건 등을 살펴보며 개념을 표현하기 위해 어떤 용어들을 쓰고 있는지 주목해 보세요. 같은 의미지만 서로 다른 표현일 경우 기출과 유사한 표현으로 서술된 전공서 내용을 기준으로 삼고 단권화를 진행하면 됩니다. 덧붙여 아직 출제되지 않은 기출관련개념의 경우 수험생들이 필독서라 여기는 전공서의 내용을 기준으로 삼아 단권화를 진행하면 됩니다.

Q. 단권화할 때 전공서 내용을 옮겨 적는 데 시간이 많이 걸려요. 조금 더 빠른 방법은 없을까요?

A. 옮겨 적을 전공서 내용이 너무 많아 시간 소모가 클 것 같다면 꼭 필기만 고집할 게 아니라 워드로 타이핑을 치거나 사진으로 찍어 프린트하

여 붙여 넣는 것도 현명한 방법입니다. 2015학년도 세종특별자치시에 중등특수 차석으로 합격한 선생님도 단권화할 게 많으면 쉬는 시간이나 집중이 안 되는 시간대에 워드나 사진으로 찍어 놓고 식사 후나 주말에 몰아서 프린트하여 붙였다고 하니 참고하기 바랍니다. 아래는 2018학년도 중등특수 합격 선생님께서 단권화한 방법입니다. 포스트잇과 타이핑을 활용했네요.

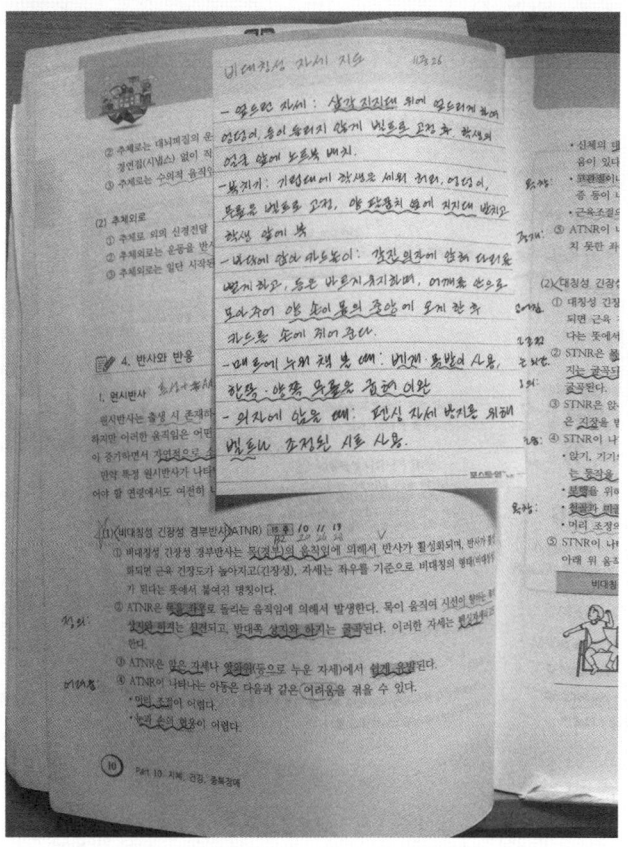

〈2018학년도 중등특수 합격 박지웅 선생님 단권화 자료〉

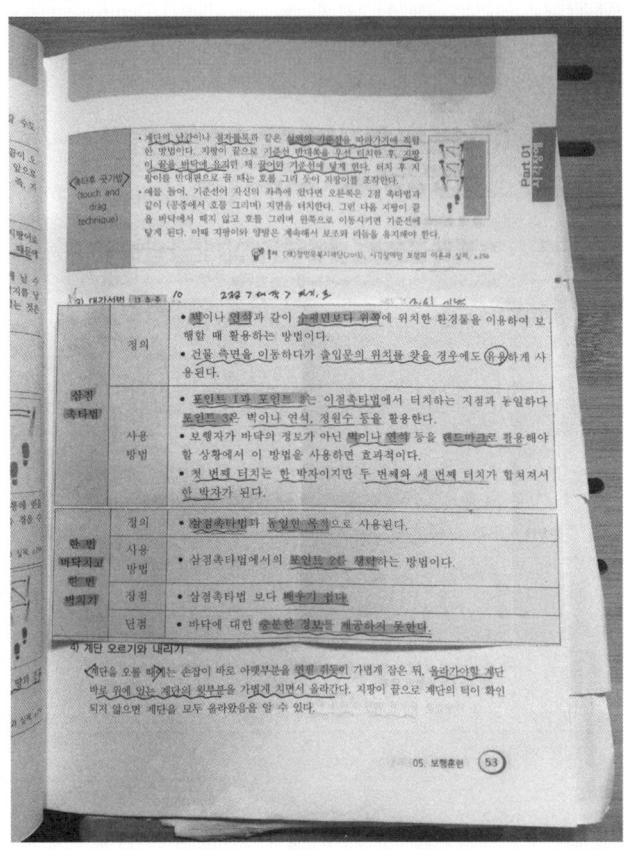

〈2018학년도 중등특수 합격 박지웅 선생님 단권화 자료〉

단권화를 할 때 현재 보고 있는 강사 수험서 말고 다른 강사의 수험서를 참고해도 괜찮나요?

A. 네 괜찮습니다. 기출개념임에도 기존 수험서에 없는 내용은 타강사의 수험서에서도 찾아보고, 만약 있으면 그 내용을 기존 수험서에 단권화 하면 됩니다.

Q. 9월인데 남은 시간은 얼마 없고 중학교 교과서 12종, 고등학교 6종, 고등학교 선택 2종의 교과서를 어떤 방법으로, 무엇을 중점을 두고 봐야 하는지 조언을 구하고 싶어요!

- ajdc**** 님

A. 봐야 할 교과서가 많네요. 2015학년도 미용교과 합격 선생님이 추천해 주신 방법을 소개해 드릴게요. 그 선생님께서는 스터디원들과 교과서 중에서도 구성과 내용이 좋은 대표 교과서 한 권을 공통적으로 선정한 후 나머지 교과서는 각자 분담해서 기출문제를 토대로 단권화할 내용만 찾아 요약했다고 하는데요. 이렇게 요약한 자료를 주말에 만나 공유한 후에 집에 돌아와 본인의 대표 교과서에 옮겼다고 합니다. 그리고 합격 선생님께서 추천해 주신 방법인데 대표 교과서의 책날개를 절단한 후 (복사집 이용) 3공 펀치로 뚫어 바인더로 묶으면 중간중간 추가해야 할 내용을 편하게 넣을 수 있다고 하니 이 점도 참고하시면 좋겠습니다. ^^

A. 첫째, 단권화를 하는 데 불필요하게 낭비하는 시간이 있는지 살펴봐야 합니다. 4~5줄 내외의 문장은 포스트잇에 옮겨 적어 단권화 교재에 붙일 수 있겠지만 그 이상의 분량이라면 표시만 해 놓고 자투리 시간에 워드로 타이핑 혹은 사진으로 찍어 프린트하면 시간을 아낄 수 있습니다.

둘째, 단권화는 철저히 기출 중심으로 진행되어야 합니다. 모든 개념을 다 옮겨 적으려 하면 생각했던 것보다 진도가 느려 답답하기 마련입니다. 기출개념, 기출관련개념, 기출무관개념 이렇게 세 가지가 있다면 지금은 기출개념을 이해하는 데 필요한 내용만 단권화하는 것에 초점을 두세요. 여유가 있다면 기출관련개념까지 다루면 좋겠지만 시간이 없으니 지금은 현실적으로 타협을 봐야 합니다.

셋째, 적당히 넘어가야 합니다. 혹시나 하는 불안함에 이것저것 넣다 보면 시간이 많이 걸리죠. 기출개념에 대한 내용일지라도 이미 충분히 이해하고 있어 어떤 문제유형으로 나와도 풀 수 있다면 굳이 그 개념은 단권화하지 않아도 됩니다. 시험은 결국 암기싸움이기 때문에 하루라도 빨리 단권화를 끝내고 핵심 키워드를 외우고 인출하는 데 시간을 투자할 수 있어야 합니다.

Q. 초수생입니다. 지금까지(5월 1일) 강의 수험서에 전공서 내용을 추가하는 식으로 단권화를 해 왔습니다. 단권화를 한 이유는 전공서를 넓게 한 번 훑어보며 이해중심으로 공부하자는 마음이었습니다. 헌데 지금의 단권화는 옮겨 적는 것에만 급급한 것 같고 암기는 하지 않고 이해만 하고 넘어가니 불안한 마음이 있습니다. 원래 계획은 6월까지 단권화 작업을 마친 후 7~8월에 서브노트를 만들 예정이었는데 지금부터라도 서브노트를 만들어 암기 위주로 가야 하는 것인지 의문이 듭니다. 이에 대한 선생님의 의견을 듣고 싶습니다.

- sooo****님

A. 2019학년도 중등특수 시험에 합격한 후배의 얘기가 생각나네요. "전 50일 남겨 놓고 그때부터 외웠어요. 그 전까지는 개념을 정확히 이해하는 데 초점을 맞췄어요." 지금까지 많은 수험생들을 멘토링해 본 결과 '무엇을 하기에 분명하게 정해진 시기란 없다.'라는 결론을 가질 수밖에 없었습니다. 어떤 사람은 5월부터 틈틈이 암기&인출 연습을 해서 합격했지만 또 어떤 사람은 시험 한두 달을 남겨 놓고 암기&인출 연습을 해서 붙었으니까요.

그래서 저는 선생님께 이런 말을 드리고 싶습니다. "마음이 가는 대로 움직이세요." 때로는 그 어떤 정보보다 본인의 직감이 더 정확할 때가 있습니다. 일반적으로 저는 7~8월에 서브노트를 만들어도 괜찮다고 말씀드리지만, 선생님께서 7월까지 기다리기 불안하다면 지금이라도 천천히 서브노트를 만들어 보세요. 처음부터 완벽하게 만들려고 하기보다는 가볍게 핵심만 적은 후, 오전 20분, 오후 20분, 저녁 20분 이렇게 시간을 내어 그 내용을 암기&인출 연습하시면 되겠습니다. 1차적으로 완성한 후에는 2차적으로 다시 그 내용들을 보면서 부족한 점이나 보완할 점들을 채워 넣거나 불필요한 내용을 삭제하여 최종 암기에 최적화된 형태로 만들어 나가면 됩니다.

또한 서브노트는 꼭 본인이 직접 만들 필요는 없습니다. 합격생의 서브노트나 강사의 서브노트가 있다면 그 자료 내용을 수정, 삭제, 추가하며 점점 본인에게 맞는 형태로 만들면 됩니다. 아니면 합격생 및 강사 서브노트를 참고하면서 직접 서브노트를 만들면 시간을 단축할 수 있을 겁니다.

끝으로 한 가지만 더 말씀드릴게요. 서브노트를 만들며 암기&인출 연습을 했어도 잘 풀리지 않는 기출문제들이 있을 겁니다. 그런 문제는 고차적인 사고능력이 요구되는 문제로서 개념을 정확하게 이해했고 적용 및 응용을 할 수 있는지, 다른 개념과 융합하여 문제를 해결할 수 있는지를 묻습니다. 이런 문제는 단순 암기&인출 연습만으로는 대비하기가 힘듭니다. 그러니 지금 하고 있었던 단권화 과정을 아예 버리지는 마시고요. 기출개념 중에서도 어렵고 까다로운 개념에 한하여 단권화를 하면서 개념 이해에 신경을 쓰셨으면 좋겠습니다. 개념 이해가 밑바탕이 되어야 적용, 응용, 융합 문제를 풀어낼 수 있으니까요.

핵심 문장과
핵심 키워드 찾기

희망은 꿈이 아니라 꿈을 실현하는 방법이다.

- 수에넨스 추기경 -

<table>
<tr>
<td rowspan="3">핵심
문장과
핵심
키워드
찾기</td>
<td>1. 핵심문장과 핵심키워드
를 찾는 이유</td>
<td>• 능률적 공부를 위해

• 현재의 임용 시험이 서술형이므로

• 암기 분량을 줄일 수 있어서</td>
</tr>
<tr>
<td>2. 핵심 문장 찾기</td>
<td>• 기출문제 확인

• 기출포인트 확인

• 수험서 및 전공서에서 기출포인트 찾기</td>
</tr>
<tr>
<td>3. 핵심 키워드 찾기</td>
<td>• 기출문제로 키워드 찾기

• 불필요한 단어 버리기

• 공통 단어로 핵심 키워드 추출하기</td>
</tr>
</table>

1) 핵심 문장과 키워드를 찾는 이유

임용공부를 할 때는 효율적으로 접근해야 한다. 우리는 학자가 되고 싶은 것이 아니라 합격을 하고 싶은 사람이라는 것을 늘 머릿속에 새기고 있어야 한다. 좋은 게 좋은 거라고, 많이 볼수록 좋은 거라고 생각하면서 이것저것 다 보다간 시험 직전까지도 공부를 끝마칠 수 없다. 그래서 시험에 나올 만한 핵심 문장 위주로 공부해야 하는 것이며, 그 안에서도 핵심 키워드를 찾아 암기와 인출 연습을 해야 한다. 핵심 문장과 핵심 키워드를 찾는 작업이 왜 중요한지 더 알아보자.

첫째, 능률적이기 때문이다. 공부에는 끝이 없지만 시험에는 끝이 있다. 다른 시험도 비슷하겠지만 임용고시에서는 기출문제를 통해 각 과목마다 자주 묻는 '개념' 위주로 공부를 해야 한다. 한 단계 더 나아가 그 개념을 설명하는 여러 문장에서도 특히 어떤 문장이 시험에 출제되는지도 알아야 한다. 그래야 능률적으로 공부할 수 있다. 간혹 '지식의 저주'에 빠져 모든 것을 다 공부해야 마음이 편한 사람이 있는데 그런 사람은 시험이라는 제도를 잘 몰라서 그런 것이다. 시험에서는 자주 묻는 개념이 있고, 그 개념에서도 문제로 내는 포인트가 따로 있다. 그 포인트에 대한 핵심 문장을 찾아 공부하는 것이 능률의 제1조건이다.

둘째, 임용고시는 서술형 시험이기 때문이다. 객관식 체제의 시험에서는 개념을 이해만 했더라도 보기에서 정답을 선택하여 답을 맞힐 수 있었다. 하지만 현재의 서술형 시험에서는 단어든 문장이든 그 문제에서 요구하는 답을 직접 써야 하는데, 답을 적을 때 개념을 이해했어도 그 개념을 핵심 키워드로 간결하게 적지 못하고 생각나는 대로 쥐어짜서 쓰면 시간도 더 소모될 뿐더러 채점자도 답안의 요지를 파악하기가 힘들어진다. 개념은 공인된 용어로 표현해야 상대방도 받아들이기 쉬운 것이지 나만 알고 있는 용어로 표현하면 채점하기 어려우므로 각 개념을 공부할 때는 핵심 키워드 1~2가지는 파악해 놓고 있어야 한다.

셋째, 암기 분량을 줄일 수 있기 때문이다. 임용을 본격적으로 준비하거나 공부하면서 이런 생각을 해 본 적이 있지 않은가?

"이걸 언제 다 외우지?"

앞이 캄캄할 것이다. 개념을 이해했어도 문제를 풀려면 어쨌든 뭐라도 외워 놓아야 하는데 수많은 단어들로 구성된 개념을 외우려니 참으로 막막할 수밖에 없다. 그래서 핵심 키워드를 정하는 것이다. 핵심 키워드를 정해 놓으면 암기할 분량을 반 이상 줄일 수 있다. 또한 핵심 키워드로 답안을 작성하면 나도 편하고 내가 작성해 놓은 답안을 보는 채점자들도 편해질 수밖에 없다. 왜? 의미는 통하되 간결하니까.

인간의 장기기억 용량에는 한계가 없다지만 그건 이론일 뿐이지 현실에서는 가당치도 않은 말이다. 단기/작업 기억의 용량 때문에 실제로는 30분만 외워도 머리에 쥐가 나는 게 현실이다. 그렇다면 우리는 어떻게 해야 하는가? 쥐가 덜 나도록 개념당 외워야 할 키워드를 최소화해야 한다. 그래야 다른 개념도 더 외울 수 있는 공간을 확보할 수 있다.

2) 핵심 문장 찾기

    중·고등학교 시절 국어 공부를 하면서 핵심 문장을 찾는 연습은 다들 해 봤을 것이다. 필자는 그런 방법을 소개하려고 이번 편을 준비한 게 아니다. 그런 방법보다 임용합격에 직접적이면서도 더 적합한 방법을 소개하고자 한다. 이때 우리에게 필요한 도구가 있으니 그 도구는 바로 기출문제다.

    왜 기출문제냐고 묻는 사람도 있겠지만 기출분석을 해 봤다면 왜 이런 말을 하는지 고개를 끄덕이는 사람도 있을 것이다. 기출문제는 이론(개념) 내에서도 어떤 세부내용을 더 주의 깊게 봐야 하는지 방향을 안내해 주고 있다. 당장 기출문제를 살펴보더라도 하나의 문제는 하나의 이론(개념)에 대한 모든 내용을 다 문제화하고 있지는 않음을 알 것이다. 이론(개념) 내에서도 문제로 내기 좋은 세부 내용이 있는 반면, 문제로 내기 어려운 내용도 있다. 그렇다면 우리가 할 일은 무엇인가? 기출문제를 보며 각 문제마다 이론(개념)의 어떤 세부내용을 출제했는지 확인한 후 그 내용을 강사교재(수험서) 및 전공서에서 찾아 공부하면 되는 것이다.

    전공 개념이라고 해서 그 개념을 설명하고 있는 문장 하나하나를 놓치지 않고 다 꼼꼼히 읽어야 하는 것은 아니다. 임용시험은 효율 싸움이다. 얼마나 더 빠르게 핵심 내용을 찾느냐, 그리고 그 내용을 암기하고 인출연습해서 얼마나 더 정확하게 문제에 적용할 수 있느냐에 따라 합격·불합격이 갈린다. 그렇기에 공부를 하기 전 가장 먼저 신경 써야 하는 것은 어떤 내용을, 어떤 문장을 공부해야 하는지부터 찾는 것이다. 다음 예제를 보며 이 많은 문장 중 핵심 문장은 무엇이 될 수 있을지 생각해 보자.

[에릭슨 심리·사회발달이론 중 5단계(정체감vs혼미)의 내용]

5단계는 Freud의 생식기에 해당하며 약 12세부터 18세까지이다. 이 시기는 청소년 시기로서 Erikson은 이 시기의 가장 중요한 발달과업으로 자아정체성의 확립이라고 하였다. 이 시기에 많은 청소년들은 '나는 누구인가?', '나에게 무엇이 중요하고 의미 있는 가치는 무엇인가?', '나는 어떤 사람이 될 것인가?'와 같은 근본적인 문제에 대해 고민하며, 자신의 지적·사회적·성적·도덕적인 여러 측면을 통일된 자아정체성으로 통합하려 노력한다. 그러나 청소년 시기에는 신체적 변화와 성적 성숙이 급격하게 이루어질 뿐만 아니라 아이도 성인도 아닌 주변인으로서의 존재적 특징 때문에 새롭게 부과되는 다양한 사회적 요구에 양가적 상황에 처하게 되며, 진학과 전공 선택의 문제나 이성문제 등과 같은 상황에서 수많은 선택과 의사결정을 해야 하기 때문에 자아정체성 위기를 경험할 수 있다. Erikson은 이 같은 청소년기의 심리사회적 위기를 자아정체성 대 역할혼미라고 불렀다.
청소년들은 수많은 영역에서 자신의 가능성을 탐색하고 발견하는 동시에 예전에 가졌던 이상적 자기상에 담았던 자아기대를 포기해 가는 과정에서 자신의 한계를 인정함으로써 자아정체성을 서서히 확립해 가게 된다. 이러한 자아정체성이 확립되기 전 탐색 기간을 심리적 유예기(psychological moratorium)라고 한다. 즉, 청소년기는 진정한 자아를 찾기 위한 노력을 기울이는 시기로서 자신들의 능력을 시험해 보면서 새로운 역할을 실험하거나 가치 혹은 신념 체계에 대한 끊임없는 탐색 활동을 하게 된다. 따라서 이 시기는 정체성 탐색을 위해 아동기와 성인기 사이에 자신에 대한 결정을 잠시 보류하고 주변인으로부터 일시적으로 해방되는 시기이기도 하다. 오랜 기간의 정체성 탐색은 고통스러운 것이지만, 결국 그것은 보다 높은 차원의 인격적 통합을 가능하게 해 준다. 자아정체성 대 역할혼미의 위기를 잘 극복하면 '충실(fidelity)'이라는 덕목을 갖게 된다. 충실은 다양한 가치체계 간의 불가피한 충돌에도 불구하고 성실을 유지하는 능력으로서 정체감을 유지하는 데 도움이 된다.

『최신교육심리학』, 이신동 외 2인 공저, 학지사, 2012, 76~77쪽 글이 길어서 읽기 힘들었을 것이다. 이 글에서 핵심 문장은 어디일까? 대략 어딘지는 알 것도 같지만 정확하게 짚기는 어렵다면 이와 관련된 기출문제부터 살펴보자. 아래 기출문제들은 에릭슨 이론의 5단계(자아정체성vs역할혼미)에 대한 내용을 다룬 문제들이다.

[에릭슨 이론 기출문제]

2003학년도 중등	2004학년도 중등
32. 에릭슨(Erikson)의 심리사회적 발달이론 중, 각 단계에서 직면하는 위기와 단계별로 획득해야 할 기본 덕목이 올바르게 연결된 것은?	17. 에릭슨(E. Erikson)의 자아 정체감(ego-identity) 발달에 관한 견해 중 옳은 것은? ① 정체감 확립은 아동기의 중요한 발달과업이다. ② 정체감은 삶을 완성하고 회고하는 단계에서 확립될 수 있다. ③ 심리적 유예기는 정체감 형성을 위해 대안적인 탐색을 계속 진행하는 시기이다. ④ 정체감 확립은 부모나 교사의 권유에 따라 자신의 진로나 역할 방향을 성급히 선택한 상태이다.

발달단계   위기   기본덕목

① 영아기   주도성 대 죄책감   능력
② 유아기   신뢰감 대 불신감   의지력
③ 청년기   자아정체감 대 역할혼미   충성심
④ 성인기   생산성 대 자아통정   지혜

2010학년도 중등
25. 청소년기의 심리적 발달 특징에 대한 학자들의 견해를 잘못 기술한 것은?   ③ 에릭슨(E. Erikson)은 심리사회적 발달이론에서 정체감 위기를 겪고 있는 청소년들의 지배적인 심리 상태를 심리적 유예라고 명명하였다.

2016학년도 중등 교육학 논술문제 중 일부

에릭슨(E. Erikson)의 정체성발달이론에 제시된 개념 1가지를 쓰시오. [2점]

- 진로를 결정하지 못한 학생의 경우 성급한 진로 선택을 유보하게 할 것
- 학생에게 다양한 진로를 접할 수 있는 충분한 탐색 기회를 제공할 것
- 선배들의 진로 체험담을 들려줌으로써 간접 경험 기회를 제공할 것
- 롤모델의 성공 혹은 실패 사례를 제공할 것

각 문제마다 이론(개념)의 어떤 측면을 묻고 있는지 세밀하게 살펴봐야한다. 다 같은 에릭슨 이론이라도 묻는 포인트가 다르다. 2003 중등 문제에서는 '발달단계 시기'와 '위기' 및 '덕목'을 물었지만 2004 중등 문제에서는 '자아정체감 발달'에 대한 전반적인 내용(정체감 확립, 심리적 유예기)을 물었다. 2010 중등 문제에서는 '심리적 유예기'의 의미를 정확히 알고있는지 물었으며, 2016 논술 문제에서는 지문 내용을 보고 '심리적 유예기'를 캐치하여 쓸 수 있는지 물었다. 이 포인트들을 정리하면 다음과 같다.

[기출포인트 정리]

⊙ 5단계의 발달단계 시기(청소년기)
⊙ 5단계에서 직면하는 위기(자아정체성vs역할혼미)
⊙ 5단계에서 획득해야 할 덕목(충실)
⊙ 정체감 확립과정
⊙ 심리적 유예기

우리는 이제 이 포인트들을 앞에서 읽었던 예제에서 다시 찾기만 하면된다. 이 포인트에 대한 문장이 곧 시험과 직결되는 핵심 문장이다.

㉠ (시기) ㉡ (위기) ㉣ (확립과정)	5단계는 Freud의 생식기에 해당하며 약 12세부터 18세까지이다. 이 시기는 청소년 시기로서 Erikson은 이 시기의 가장 중요한 발달과업으로 자아정체성의 확립이라고 하였다. 청소년들은 수많은 영역에서 자신의 가능성을 탐색하고 발견하는 동시에 예전에 가졌던 이상적 자기상에 담았던 자기기대를 포기해 가는 과정에서 자신의 한계를 인정함으로써 자아정체성을 서서히 확립해 가게 된다. Erikson은 이 같은 청소년기의 심리사회적 위기를 자아정체성 대 역할혼미라고 불렀다.
㉢ (충실)	자아정체성 대 역할혼미의 위기를 잘 극복하면 '충실(fidelity)'이라는 덕목을 갖게 된다. 충실은 다양한 가치체계 간의 불가피한 충돌에도 불구하고 성실을 유지하는 능력으로서 정체감을 유지하는 데 도움이 된다.

ⓔ (심리적 유예기)	자아정체성이 확립되기 전 탐색 기간을 심리적 유예기(psychological moratorium)라고 한다. 자신들의 능력을 시험해 보면서 새로운 역할을 실험하거나 가치 혹은 신념 체계에 대한 끊임없는 탐색 활동을 하게 된다.

처음 예제는 24줄의 글이었지만 기출포인트와 직결되는 핵심 문장(파란 글씨)을 찾으면 6줄 내외로 정리할 수 있게 된다. 어떤가? 이렇게 줄이면 공부해 볼 맛이 나지 않겠는가? 수험서나 전공서 내용이 많을지라도 위와 같이 기출포인트 중심으로 핵심 문장을 추리면 공부할 분량을 적게는 반, 많게는 2/3가량을 줄일 수 있게 된다.

물론 시험에서는 지금껏 듣지도 보지도 못한 새로운 개념이나 기출포인트와 관련 없는 문장을 시험 문제로 낼 수도 있지만 그런 경우는 극히 드물다. 그러니 전공서를 공부할 때 괜히 쓸데없는 문장까지 다 꼼꼼하게 읽느라 시간을 낭비하지 말고 기출포인트와 직결되는 문장 중심으로 읽도록 하자. 그렇게 해도 1차 커트라인은 거뜬히 넘길 수 있다.

합격생의 조언

핵심 문장을 찾는 것이 중요하지만 그렇다고 핵심 문장 이외의 기타 문장들은 아예 읽지도 말라는 것은 아닙니다. 문장은 서로 유기적인 관계를 갖고 있으므로 핵심 문장을 더 정확히 이해하려면 주변 문장도 읽어보며 맥락을 파악할 수 있어야 합니다. 그러니 1~2회독 시기라면 핵심 문장은 정독을, 주변 문장은 가볍게라도 볼 것을 권하며, 2~3회독부터는 1~2회독 때 표시해 둔 핵심 문장 위주로만 공부를 하면 됩니다.

3) 핵심 키워드 찾기

핵심 문장을 찾았다면 그 안에서 핵심 키워드도 찾아보자. 핵심 키워드를 캐치해야 암기&인출 연습하기가 편하다. 핵심 키워드는 3가지 방법으로 찾으면 된다. 첫째, 기출문제로 찾는 방법. 둘째, 불필요한 단어를 버려 찾는 방법. 셋째, 공통 키워드로 찾는 방법. 이 세 가지다.

(1) 기출문제로 키워드 찾기

핵심 문장에서 내가 생각한 키워드가 정말 핵심 키워드일지 고민된다면 다시 기출문제를 확인해 보자. 해당 개념이 출제된 기출문제를 보면서 지문이나 보기에서 개념을 어떤 용어로 표현했는지 보면 된다. 그리고 전공서를 다시 보면서 기출문제에서 사용된 용어와 같거나 비슷한 용어가 무엇인지 찾으면 끝! 이게 도대체 무슨 말인지 갸우뚱 할 수 있으니 예제를 통해 알아보도록 하겠다. 다룰 내용은 에릭슨 이론의 '심리적 유예기'다.

[심리적 유예기]

자아정체성이 확립되기 전 탐색 기간을 심리적 유예기(psychological moratorium)라고 한다. 즉, 청소년기는 진정한 자아를 찾기 위한 노력을 기울이는 시기로서 자신들의 능력을 시험해 보면서 새로운 역할을 실험하거나 가치 혹은 신념 체계에 대한 끊임없는 탐색 활동을 하게 된다. 따라서 이 시기는 정체성 탐색을 위해 아동기와 성인기 사이에 자신에 대한 결정을 잠시 보류하고 주변인으로부터 일시적으로 해방되는 시기이기도 하다.

『최신교육심리학』, 이신동·최병연·고영남 공저, 학지사, 2012, 77쪽

위와 같은 문장에서 핵심 키워드는 어떻게 선정하면 될까? 심리적 유예기에 대한 기출문제를 살펴보면 방향이 잡힌다.

2004학년도 중등 교육학 기출문제

17. 에릭슨(E. Erikson)의 자아 정체감(ego-identity) 발달에 관한 견해 중 옳은 것은?

① 정체감 확립은 아동기의 중요한 발달과업이다.
② 정체감은 삶을 완성하고 회고하는 단계에서 확립될 수 있다.
③ 심리적 유예기는 정체감 형성을 위해 대안적인 탐색을 계속 진행하는 시기이다.
④ 정체감 확립은 부모나 교사의 권유에 따라 자신의 진로나 역할 방향을 성급히 선택한 상태이다.

기출문제의 3번 보기에서 심리적 유예기를 설명하고 있는데 굵게 표시한 '정체감 형성', '대안적인 탐색', '시기'라는 용어에 주목해 보자. 기출문제에서는 보통 개념을 언급할 때 핵심적인 키워드로 간결하게 설명하는데 우리는 이 원리를 교묘히 이용해야 한다. 기출문제에서 사용된 키워드와 같은 혹은 비슷한 용어를 수험서(또는 전공서)에서 찾아 뼈대로 삼고 살을 붙여 정리를 하면 되는 것이다. 예제를 다시 보면서 기출문제에 사용된 '정

체감 형성', '대안적인 탐색', '시기'와 똑같은 혹은 비슷한 용어가 있는지 찾아보자.

자아정체성이 확립되기 전 탐색 기간을 심리적 유예기(psychological moratorium)라고 한다. 즉, 청소년기는 진정한 자아를 찾기 위한 노력을 기울이는 시기로서 자신들의 능력을 시험해 보면서 **새로운 역할을 실험하거나 가치 혹은 신념 체계에 대한 끊임없는 탐색** 활동을 하게 된다. 따라서 이 시기는 정체성 탐색을 위해 아동기와 성인기 사이에 자신에 대한 결정을 잠시 보류하고 주변인으로부터 일시적으로 해방되는 시기이기도 하다.

『최신교육심리학』, 이신동·최병연·고영남 공저, 학지사, 2012, 77쪽

친절하게 밑줄까지 쳤으니 찾는 데 어렵지는 않았을 것이다. 정말 급한 시기라면 기출문제의 보기 내용 그대로를 갖고 '심리적 유예기'를 정리하여 암기할 수도 있겠지만, 이것만으로는 개념에 대한 서술이 부족할 수도 있다. 따라서 필자는 기출키워드(정체감 형성, 탐색, 시기)를 뼈대로 삼고 전공서에서 굵게 표시한 내용을 살로 붙여 아래와 같이 정리해 봤다.

심리적 유예기:

정체감 형성을 위해 **새로운 역할, 가치, 신념을 실험**해 보며 탐색하는 시기

처음부터 개념의 핵심 키워드를 찾기란 여간 쉬운 일이 아닐 것이다. 객관식에서 서술형으로 바뀌면서 답으로 인정되려면 어떤 키워드를 필수 키워드로 삼아야 할지 고민이 많아질 수밖에 없지만 기출문제가 있다면 조금은 안심할 수 있다.

효율적이면서도 안정적으로 핵심 키워드를 따 내려면 우선 기출문제부터 확인해 보자. 기출문제에서 내가 다루고자 하는 개념을 설명하는 문장이 있으면 그 안에 들어간 키워드를 1순위로 삼고 몇몇 괜찮은 용어를 덧붙여 개념을 정리하면 된다. 그렇다면 기출문제의 지문이나 보기에서 설명되지 않은 개념은 어떻게 핵심 키워드를 선정하면 될까?

(2) 불필요 단어 버리기

기출문제를 통해 핵심 키워드를 추리지 못할 때는 어떻게 하면 될까? 이럴 때는 개념을 설명하는 문장에서 불필요한 단어를 하나씩 지우면 된다. 그럼 그 개념을 설명하는 데 없어서는 안 될 '필수 키워드'가 수면 위로 점점 드러나게 된다. 문장은 여러 단어로 구성되어 있으므로 그 단어들을 보며 "이 단어는 꼭 필요한 단어일까?"라고 질문해 보면 된다. 예제를 통해 알아보자.

[에릭슨 이론의 자아정체성vs역할혼미 단계의 덕목 '충실']

㉠ 자아정체성 대 역할혼미의 위기를 잘 극복하면 ㉡ '충실(fidelity)'이라는 덕목을 갖게 된다. ㉢ 충실은 다양한 가치체계 간의 불가피한 충돌에도 불구하고 성실을 유지하는 능력으로서 정체감을 유지하는 데 도움이 된다.

『최신교육심리학』, 이신동·최병연·고영남 공저, 학지사, 2012, 77쪽

버릴 것들을 쉽게 구분하기 위해 위의 문장을 ㉠, ㉡, ㉢ 세 덩어리로 나

뒤 봤다. 먼저 ㉠은 '충실'의 조건이고 ㉡은 결과이므로 개념 설명에 있어서는 큰 가치가 없는 문장들이다. ㉢이야말로 '충실'을 직접적으로 설명하고 있으므로 여기서 버릴 단어를 찾으면 된다.

버릴 단어란 삭제해도 의미 파악에 지장을 주지 않는 단어들을 말한다. ㉢을 다시 살펴보자. '다양한', '불가피한'이라는 단어는 개념설명에 꼭 필요한 단어일까? 아니다. 그 단어를 빼고 '가치체계 간의 충돌에도 불구하고~ 도움이 된다.'라고 서술해도 '충실' 개념을 서술하는 데 지장이 없다.

이와 같이 '다양한', '불가피한'과 같은 관형사(명사, 대명사, 수사와 같은 체언을 꾸며 주는 말)나 부사(동사나 형용사와 같은 용언을 꾸며 주는 말), 조사는 개념 서술에 있어 필수적이지 않으면 얼마든지 삭제가 가능하다. 그럼 이것 말고도 또 삭제 가능한 단어가 있을까?

'가치체계'에서 '체계'라는 말도 꼭 살려야 하는지 생각해 보자. 말이라는 건 의미만 크게 엇가가지 않으면 통용되므로 '체계'를 빼고 '가치'라고만 남겨 놔도 의미 파악에는 큰 무리가 없다. 또한 '가치체계'라는 단어를 내가 자주 쓰는 단어 즉, '가치관'으로 살짝 변경하여 남겨 놔도 괜찮을 것이다. 왜냐하면 개념은 학자에 따라, 번역에 따라, 문장력에 따라 의미만 통하면 얼마든지 다양하게 서술될 수 있기 때문이다.

꼭 '내가 보고 있는 전공서'에 서술된 표현 그대로를 통째로 암기해야 하는 것은 아니다. 손을 그리라 했을 때 손의 특징만 간단히 잡아 그리면 되지 지문 모양 하나하나 자세히 그릴 필요가 없듯이, 개념도 필수 키워드 중심으로 서술하면 되지 그 외의 기타 단어까지 그대로 적어야만 정답으로 인정되는 게 아니다. 표현이 살짝 다르더라도 핵심 키워드만 잘 들어가면 정답으로 인정해 준다. 그러니 키워드 선정에 있어서 조금은 마음을 편히 가져도 된다.

이제 ⓒ 문장에서 '가치', '충돌', '성실', '정체감', '유지', '능력', '도움'이 남았다. 이 용어를 갖고 개념을 정리하면 된다. 필자는 개념의 전체적인 의미를 생각해 봤을 때 '성실'이라는 말보다는 '중심'이라는 말이 더 적절할 것 같아서 용어를 대체하였다. 또한 이 중에서도 가장 핵심적인 용어라 생각되는 부분을 파란색으로 표시하였으며 더 간단히 요약했을 때를 가정하여 두 가지 버전으로 정리해 봤다.

[에릭슨 이론의 '충실' 요약]

일반적 정리	가치 충돌 시 중심을 잡아 줌으로써 정체감을 유지하는 데 도움을 주는 능력
간소화 정리	가치 충돌 시 정체감 유지

이처럼 필수 키워드가 바로 보이지 않으면 불필요 단어부터 하나씩 지워 나가면 된다. "이 단어가 꼭 필요한가?"라고 질문해 보고, 중복되는 단어는 하나로 합치면 된다. 또한 의미만 크게 벗어나지 않으면 몇몇 키워드는 본인에게 잘 맞는 용어로 변형해도 괜찮다. 예제 하나를 더 준비했으니 아직 감이 잡히지 않는다면 참고하기 바란다.

[에릭슨 이론에서 '정체성 위기 극복' 방법]

[원 글]

② (극복 방법)	청소년 정체성 위기는 다음과 같은 세 가지 목표가 달성되면 극복된다. 첫째, 자아탐색의 시간조망을 과거와 미래로 확장시켜 일관성이 있고 연속성이 있는 자아상을 확립해야 한다. 둘째, 자아의 여러 국면을 일관된 자아체계로 통합해야 한다. 셋째, 독특성과 특수성을 확립해야 한다. 독특성 확립에 실패하면 또래 집단에 지나치게 동조하거나 고정관념에 맹종하는 부정적인 정체성이 확립될 수 있다.

↓

[불필요 단어 걸어내기]

② (극복 방법)	청소년 정체성 위기는 다음과 같은 세 가지 목표가 달성되면 극복된다. 첫째, 자아탐색의 시간조망을 과거와 미래로 확장시켜 일관성이 있고 연속성이 있는 자아상을 확립해야 한다. 둘째, 자아의 여러 국면을 일관된 자아체계로 통합해야 한다. 셋째, 독특성과 특수성을 확립해야 한다. 독특성 확립에 실패하면 또래 집단에 지나치게 동조하거나 고정관념에 맹종하는 부정적인 정체성이 확립될 수 있다.

↓

[핵심 키워드 추리기]

② (극복 방법)	일관된 자아상 확립 여러 자아를 일관된 체계로 통합 자아의 독특성과 특수성 확립

(3) 공통 단어로 키워드 추출하기

개념의 핵심 키워드를 찾고 싶은데 그 개념을 기출문제에서도 다루지 않고, 불필요 키워드를 걷어내기도 쉽지 않다면 시간은 조금 더 걸리지만 안정적으로 키워드를 추출할 수 있는 방법이 있다. 그 방법은 바로 여러 전공서를 활용하는 방법이다. 공부하려는 과목은 단 한 권의 전공서만 있는 게 아니다. 각 과목마다 저자에 따라 다양한 전공서들이 있기 마련이다. 이 전공서를 함께 놓고 보면 핵심 키워드를 찾기 쉬운데 자세한 방법은 다음과 같다.

첫째, 어떤 개념의 핵심 키워드를 파악하고 싶다면 최소 2권 이상의 교재를 준비한다. 수험서와 전공서를 놓고 볼 수도 있으며, 필수 전공서와 서브 전공서를 놓고 볼 수도 있다. 여유가 있으면 전공서 2권과 해당 개념을 연구한 논문 1~2편도 함께 봐도 좋다. 둘째, 각 자료마다 해당 개념을 서술한 페이지를 펼쳐 놓는다. 셋째, 자료들을 보면서 개념을 서술함에 있어 공통적으로 들어간 키워드가 무엇인지 찾는다(완벽하게 용어가 일치하지 않더라도 맥락상 의미가 같은 단어도 공통 키워드로 생각하면 된다).

전공서마다 공통적으로 사용된 단어는 해당 개념의 핵심 키워드일 가능성이 높다. 그런 단어들은 개념 설명에 없어서는 안 될 중요한 단어이므로 저자들이 빼먹지 않고 넣었을 가능성이 높기 때문이다. 따라서 어떤 단어가 핵심 키워드인지 보이지 않으면 여러 교재(수험서, 전공서, 논문, 인터넷 검색 등)를 펼쳐 놓고 공통된 단어를 찾아보자.

아래 표는 앞에서 살펴봤던 '심리적 유예기'를 두 전공서 내용을 발췌하여 비교한 것이다. 개념을 설명함에 있어 공통적으로 들어간 단어(혹은 비슷한 단어)는 무엇인지 찾아보자.

[심리적 유예기에 대한 두 전공서 내용]

① 최신교육심리학(이신동 외 2인 공저)	② 교육심리학(이건인, 이해춘 저)
자아정체성이 확립되기 전 탐색 기간을 심리적유예기(psychological moratorium)라고 한다. 자신들의 능력을 시험해 보면서 새로운 역할을 실험하거나 가치 혹은 신념체계에 대한 끊임없는 탐색 활동한다.	심리사회적 유예기간 동안에 청소년들은 사회적·직업적 역할과 능력 등을 탐색하기 위하여 다양한 역할을 모색하고 실험해 보려고 시도하는데, 때로는 소외감·무력감·허무감을 경험하면서 휴학을 하거나 학업을 포기하기도 하며 혹은 여행을 떠나기도 한다.

　공통된 단어로는 '능력', '역할', '실험(시험)', '탐색'이 있다. 이 중 으뜸이 되는 단어는 '탐색'인데 탐색을 하면서 자신의 '능력'과 앞으로의 사회적·직업적 '역할'을 '실험(시험)'해 보기 때문이다. 어쨌든 이렇게 공통 단어를 찾았다면 이 단어들을 중심으로 개념을 정리하면 되며, 혹시나 덧붙일 단어가 있다면 1~2가지 추가하여 개념 정리를 완성하면 된다. 필자의 경우 '가치관'이라는 단어를 덧붙여 '심리적 유예기'를 아래와 같이 정리해 봤다.

심리적 유예기:
　자아정체성 확립 전 자신의 능력과 역할을 시험해보거나 가치관을 탐색하는 시기

　한 가지 개념을 더 다뤄 보자. '형성평가'에 대한 내용을 두 전공서에서 발췌해 봤다. 공통 단어부터 살펴보자.

[형성평가에 대한 두 전공서 내용]

① 교육평가의 탐구(김진규, 윤길근 저)	② 교육평가(권대훈 저)
형성평가란 수업 중에 교사와 학생들이 의도된 수업성과에 대한 학생들의 성취도를 개선하기 위하여 피드백을 제공하여 현재 진행 중인 교수학습을 조정하도록 하는 과정이다.	형성평가는 수업 중 학생 및 교사에게 피드백을 제공함으로써 학습을 촉진하고 수업을 개선하기 위한 목적으로 실시되는 평가를 일컫는다.

[공통 단어]

㉠ 수업 중 ㉡ 교사, 학생 ㉢ 피드백 ㉣ 교수·학습 ㉤ 개선

5개의 공통 단어가 보인다. 이 단어들만 사용하더라도 형성평가를 서술하는 데 충분하다. 왜냐하면 형성평가를 "언제 실시하는가?"라는 시기 측면의 질문에는 '수업 중'으로, "누구에게 실시하는가?"라는 대상 측면의 질문에는 '교사와 학생에게'라고 답하면 되기 때문이다. 또한 "무엇을, 어떻게, 그래서 목적은 무엇인가?"라는 질문에는 '피드백'을 제공하여 '교수·학습'을 '개선'하기 위해서라고 답할 수 있으므로 필자는 위의 공통 단어를 사용하여 다음과 같이 형성평가를 정리할 것이다.

형성평가:
수업 중 실시하는 평가로 교사와 학생에게 피드백을 제공함으로써 교수·학습을 개선할 수 있도록 조정함.

공통 단어를 찾을 때는 외형적인 형태까지 완벽히 일치해야만 공통 단어라고 생각하지 않기를 바란다. 가령 '수업과 학습'이라는 단어는 '교수·학습'과 형태만 다를 뿐이지 의미에서는 큰 차이가 없다. 마찬가지로 어떤 책에서는 '개선'이라고 썼지만 또 어떤 책에서는 '향상'이라고 서술했다면 그 두 단어가 갖는 의미는 맥락상 같으므로 공통 단어로 삼고 두 단어 중 마음에 드는 한 단어를 사용해 정리하면 되는 것이다. 이렇게 공통 단어를 추려보는 연습을 하다 보면 어휘력과 표현력이 발달돼 개념을 서술하는 능력도 좋아진다.

이상으로 세 가지 핵심 키워드 추출 방법을 배워 봤다. 가장 우선순위로 삼아야 할 방법은 '기출문제'를 통해 핵심 키워드를 찾는 방법이다. 기출문제로 핵심 키워드를 찾을 수 없다면 전공서 여러 권을 두고 '공통 단어'를 찾으면 되며, 문장이 길어서 핵심 키워드가 잘 보이지 않으면 '불필요 단어'를 지워 나가면 된다.

핵심 문장과 핵심 키워드 찾기	1. 핵심문장과 핵심키워드 를 찾는 이유	• 능률적 공부를 위해 • 현재의 임용 시험이 서술형이므로 • 암기 분량을 줄일 수 있어서
	2. 핵심 문장 찾기	• 기출문제 확인 • 기출포인트 확인 • 수험서 및 전공서에서 기출포인트 찾기
	3. 핵심 키워드 찾기	• 기출문제로 키워드 찾기 • 불필요한 단어 버리기 • 공통 단어로 핵심 키워드 추출하기

서브노트

11

인간은 현재 가진 것의 합계가 아니라
아직 가지지 않았지만 가질 수도 있는 것의 총합이다.

- 사르트르 -

1. 서브노트란 무엇인가?
   왜 만드는 걸까?

   • 개념을 핵심키워드로 정리한 노트

   • 암기 부담을 줄이려고

2. 서브노트는 꼭 필요한가?

   • 의무감에 만들 필요는 없다

     − 직접 만들어도 되고

     − 합격생 서브노트를 구해도 된다

서브노트

3. 서브노트 제작 선결 조건

   • 기출분석

   • 개념이해

4. 서브노트 제작 시기는?

   • 이해가 빠르고 정리를 잘하면 2회독부터,
     일반적인 수험생이라면 3회독부터 권함

5. 서브노트 제작 방법

   • 기출문제 확인

   • 내용 선정

   • 키워드 추출

   • 재배열

1) 서브노트란 무엇인가? 왜 만드는 걸까?

서브노트는 '시험 직전까지 반복적으로 암기 및 인출 연습 대상으로 삼을 노트'를 말한다. 단권화는 여러 곳에 산재된 자료를 종합하여 한 권에 응축시키는 과정이라면, 서브노트는 응축된 교재 내용을 한 번 더 걸러 내어 최소한의 키워드로 개념을 정리한 노트다. 단권화와 서브노트를 그림으로 비교하면 아래와 같다.

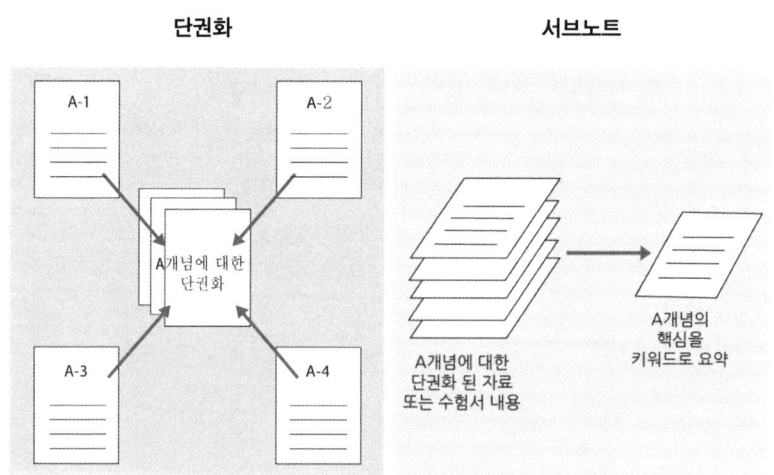

그럼 우리는 왜 서브노트를 만드는 걸까? 단도직입적으로 말하면 지금까지 공부한 내용을 다 외우지 못해서다. 그 많은 전공서 내용을 통째로 외워 버릴 수 있는 사람은 없다. 기출개념 위주로, 핵심 키워드 위주로 분량을 가능한 최소한으로 만들어 놓고 그것만이라도 반복적으로 외우기 위해 우리는 서브노트를 만든다.

2) 서브노트는 꼭 필요한가?

단권화도 그렇지만 서브노트도 꼭 만들어야 하는 것은 아니다. 남들이 만든다고 무작정 따라하다가 중간에 포기할 것 같으면 굳이 만들지 않아도 된다. 서브노트를 만들 시간이 없다면 주변 합격생 또는 강사의 요약자료집을 구해 외우는 것도 효율적인 전략이다.

그렇다면 수험생들은 왜 그토록 서브노트를 만들려고 하는 걸까? 몇 가지 이유를 들자면 첫째, 적으면서 공부를 하고 싶어서다. 평소처럼 무엇을 적으면서 공부하지 않으면 공부한 느낌이 들지 않아서 대개 서브노트를 만들기 시작한다.

둘째, 심리적 안정감을 받고 싶어서다. '나중에 이것만 보면 된다'라는 사실 하나가 우리로 하여금 서브노트를 만들게 한다. 시험 막바지인데 필요한 정보들이 여러 전공서에 다 널브러져 있다면? 그 정보를 찾는 과정에서 들어가는 시간이 암기하는 시간보다 더 걸린다면? 생각만 해도 끔찍하지 않은가?

셋째, 최소화된 정보를 원해서다. 단권화한 교재는 전공서 내용들을 덕지덕지 붙여 놨기에 어떤 문장과 키워드를 추려 외워야 할지 한눈에 들어오지 않는다. 또한 단권화한 정보 중에서는 암기할 내용이 아닌 개념의 배경 정보 수준의 내용도 있을 것이다. 이런 불필요한 내용들을 걷어내어 '암기할 것만' 남기기 위해 서브노트를 만든다.

넷째, 간결한 서술을 위해서다. 우리는 선천적으로 남들의 긴 말과 글을 싫어한다. 목적에 맞게 요점만 간결하게 전해 주는 사람을 좋아한다. 평가자들도 다를 게 없다. 그분들도 사람인지라 뭐라 많이 쓰긴 썼는데 채점해 줄 만한 알맹이가 없는 답안보다는 핵심 키워드로 요점을 간결하게 쓴 답안을 선호한다.

이러한 이유들 때문에 서브노트를 만들지만 그렇다고 꼭 서브노트를 만들어야 하는 것은 아니다. 앞에서도 말했지만 서브노트는 의무 사항이 아니라 선택 사항이다. 임용고시 준비를 늦게 시작해서 서브노트를 직접 만들 시간이 없을 경우 합격생 서브노트나 강사 요약집을 구해 암기&인출 연습해도 되며, 자료마저 구하지 못했다면 강사 교재(수험서)에서 핵심 키워드를 뽑아 그 키워드를 중심으로 암기&인출 연습을 하면 된다.

단, 한 가지 주의할 점이 있는데 합격생 서브노트를 구했을 경우 그 내용을 무작정 암기하지는 말라는 것이다. 내가 만든 서브노트가 아니므로 전반적인 구성이라든지 개념 정리에 사용한 용어가 낯설 수밖에 없다. 이런 상태에서 무작정 외우면 잘 받아들여지지도 않고 기억도 오래가지 않으며 문제에 적용·응용하기도 힘들다. 그러므로 서브노트를 받았다면 그 서브노트에 익숙해지는 기간을 적어도 1~2달 정도는 갖도록 하자. 이 기간 동안에는 공부를 하기 전, 중, 후 편할 때 서브노트 내용을 보면서 합격생은 왜 이렇게 주제를 구성했는지, 개념 정리에 왜 이런 용어들을 썼는지 질문을 던져 봐야 한다. 또한 기출분석에 근거했을 때 불필요한 내용이나 부족한 기출포인트 내용이 보인다면 삭제 및 보충을 해야 하며, 개념 정리에 쓴 용어들 중에서도 부적절하거나 본인에게 맞지 않는 용어는 삭제 및 대체를 해 가며 본인에게 최적화된 자료로 탈바꿈시킬 수 있어야 한다.

3) 서브노트 제작의 선결 조건

서브노트를 만들려면 두 가지 조건이 갖춰져 있어야 한다.

첫째, '기출 분석'

둘째, '개념 이해'

역사를 잊은 민족에게 미래는 없듯이, 기출분석을 잊은 수험생에게 합격은 없다. 조금 과하게 들릴지 모르겠지만 이게 현실이다. 서브노트를 만들기 전에 기출분석을 하지 않으면 '어떤 개념'을, '어떤 키워드'를 적어야 할지 정확히 알지 못하므로 시험에 무관한 내용을 공부하고 정리하느라 시간을 버리게 된다.

또한 개념을 이해한 상태에서 서브노트를 만들어야 한다. 개념을 이해한 상태란 언제 어디서든 "이 개념은 무엇이다."라고 간결하면서도 명확히 말할 수 있는 정도를 말한다. 사람마다 다 다르겠지만 개념을 온전히 이해하려면 최소 2~3회독을 하면서 여러 전공서로 해당 개념을 넓게, 깊게 봐야 하며 기출문제 및 여타 문제들로 점검해 봐야 한다.

다급한 마음에 서브노트부터 후다닥 만들고 싶은 마음은 누구보다도 잘 안다. 나도 그랬으니까. 하지만 개념을 제대로 이해하지 못한 채 만든 서브노트는 기계적으로 단어만 옮겨 적은 것이므로 나중에 다시 봤을 때 눈에 들어오지 않고 잘 외워지지도 않는다. 설령 억지로 외웠다 한들 이해가 전제되지 않았기 때문에 고차적인 사고능력을 묻는 문제 앞에서 우수수 쓰러질 수밖에 없다. 그러니 서브노트는 정말 시험 막바지라 개념을 이해할 시간이 턱없이 부족한 경우를 제외하고는 각 기출개념을 충분히 이해한 상태에서 제작할 것을 권한다.

4) 서브노트 제작 시기는?

　서브노트는 빨리 만들수록 좋은 것이 아니다. 서브노트는 개념에 대한 이해가 충분한 상태에서, 기출분석이 된 상태에서 만들어야지 무턱대고 만들면 계륵(鷄肋)과 같은 존재가 되어 버린다. 어떤 개념이 중요한지도, 어떤 키워드가 핵심 키워드인지도 모르고 노트에 적으면 지저분하기만 할 뿐 눈에 잘 들어오지도 않는다.

　그럼 적정 시기는 언제일까? 스스로 던져 놓고도 참 어려운 질문이라 생각된다. 7년간 멘토링을 하면서 느낀 사실 중 하나는 무엇을 하기에 '정해진' 시간은 없다는 것이다. 단권화와 마찬가지로 서브노트도 딱 정해진 시기는 없다. 어떤 합격생은 8월 말까지 이해 중심으로 공부하고 9월부터 서브노트를 만든 반면, 또 어떤 합격생은 1회독 할 때 1차적으로 만든 후 8월까지 2차, 3차 정교화(심화·보충 및 불필요 내용 삭제) 과정을 거쳐 서브노트를 만들기도 했으니 말이다. 사람마다 공부 실력, 이해력, 물리적 시간, 여건 등이 다 다를 수밖에 없으므로 어떤 시기를 권하기가 나로서도 참 어렵지만 일반적으로 멘토링받는 수험생에게 이렇게 말하곤 한다.

"냉철하게 본인을 생각해 봤을 때 공부 속도가 빠르고 개념을 정리하는 능력이 좋으면 2회독에도 시작 가능합니다. 평균적이라면 3회독에 시작하길 권하고요. 단, 기출분석과 개념 이해가 뒷받침된 상태에서 서브노트를 만들어야 효율적입니다. 그렇지 않고 무작정 진행하면 손만 아프고 불필요한 내용이 너무 많아집니다."

남들이 한다고 무작정 빨리 서브노트를 만드는 게 능사가 아니므로 기출분석을 토대로 기출개념을 정확히 이해한 후 만들 것을 권하며 7~8월부터 제작해도 늦은 것이 아니니 제작 시기가 늦어진다고 너무 걱정하지 않아도 된다(사실 발등에 불 떨어졌을 때 뭐든 더 잘 만드는 법이다).

혹여나 본인은 쓰면서 공부해야 이해가 잘 되는 스타일이거나, 쓰면서 공부하지 않으면 뭔가 공부를 하는 것 같지 않아 불안한 스타일이라면 서브노트까지는 아니고 조금 더 간단한 방법을 추천해 주고 싶다. 연습장 하나를 구해 낙서하듯이 자유롭게 적으면서 공부하는 방법이다. 뭔가를 체계적으로 구조를 갖춰 정리할 생각으로 적지 말고(그렇게 만들려면 또 시간이 어마어마하게 드니까), 정말 중요하다고 여겨지는 개념 몇 가지만 정해 키워드 중심으로 적어 보는 것이다. 시간당 3~5개 정도의 개념만 선정하여 간단히 적고 쉬는 시간이나 식사 시간에 다시 살펴보면서 무엇을 공부했는지 떠올려 보면 그 과정 자체도 훌륭한 인출 연습이 될 수 있다.

그리고 앞에서도 말했지만 공부를 늦게 시작했거나 기출분석이나 단권화를 하느라 서브노트를 만들 시간이 없다면 그냥 강사의 요약집(혹은 서브노트)이나 합격생의 서브노트를 구해서 외우는 것이 낫다. 서브노트는 만드는 데 목적이 있는 게 아니라 만든 것을 토대로 암기&인출 연습에 활용하는 데 목적이 있다. 만들어 놓고 시간이 부족해서 서브노트 내용을 제대로 암기하지 못한다면 만든 목적 자체를 상실하는 것이니 꼭 내가 만들지 않았더라도 유연한 사고를 갖고 남들이 만든 '결과물'을 활용하는 방법도 고려해 보자.

5) 서브노트 제작 방법

앞에서 서브노트는 꼭 본인이 직접 손수 만들어야 하는 것은 아님을 밝혔다. 서브노트를 만들 시간이 없으면 학원 강사나 합격생의 서브노트를 구하거나 그마저도 여의치 않으면 수험서(강사 교재)에서 핵심 키워드를 체크하여 암기&인출 연습을 하면 된다. 단, 합격생의 서브노트를 구했다면 최근 시험경향에 맞게 뺄 것은 빼고, 넣을 것은 넣어 본인만의 서브노트로 탈바꿈시키면 된다.

서브노트 제작은 2가지 접근 방법을 취할 수 있는데 첫째, 단권화를 했다면 단권화 교재(수험서 또는 교과서)를 바탕으로 서브노트를 만들면 되고 둘째, 단권화를 하지 않았다면 전공서를 발췌해 가며 서브노트를 만들면 된다. 서브노트를 만들고 싶다면 아래와 같은 네 과정에 따라 만들면 된다.

(1) 기출문제 확인
(2) 내용 선정
(3) 키워드 추출
(4) 재배열

(1) 기출문제 확인

　기출분석을 할 때도, 전공서를 공부할 때도, 단권화를 할 때도 기출문제를 보겠지만 인간은 망각의 동물인지라 그 많은 기출문제들을 다 기억하지 못한다. 서브노트를 만들기 전에도 오늘 공부하려는 주제와 관련된 기출문제를 보며 주요 개념을 확인해야 하며, 그 개념이 어떤 문제형식으로 나오는지, 그 개념에서도 어떤 세부내용(기출포인트)을 서브노트에 적어야 할지 가늠해야 한다(기출포인트를 짚는 방법은 1편의 '기출분석', '전공서 공부' 및 2편의 '단권화' 파트를 참고하면 된다).

(2) 내용 선정

　단권화 교재나 전공서에서 가볍게 이해만 해도 될 내용은 굳이 서브노트에 적을 필요가 없다. 서브노트에는 기출포인트와 앞으로 출제 가능성이 있는 포인트 내용만 적으면 된다. 아래의 단권화 자료를 보자.

[기능론적 관점에서 바라본 학교의 선발·배치 단권화 내용]

① 학교의 선발·배치 기능(전공서에서 발췌)

점점 세분화되어 가는 직업 세계에 적합한 학생들을 선발 및 배치

② 선발·배치에 대한 기출문제의 지문, 보기 발췌

01초등 12번. "학교는 사회가 필요로 하는 인재를 선발하여 적재적소에 배치하는 역할을 수행한다."

15 상반기 논술. "최근 사회는 학교가 세분화된 직업 집단의 교육요구를 충족시켜 주기를 원하고 있고"

③ 선발·배치의 기능(원래 단권화 교재에 있는 내용)

첫째, 학생의 능력 및 수준을 파악하는 진단과 능력주의에 따른 지위 배분
둘째, 학생들의 능력별 다양한 교육경험 부여로 사회 직업세계에 대한 분류와 여과 기능
셋째, 능력에 따른 지위와 소득의 분배로 개인적 능력의 극대화와 사회 평등에 기여
넷째, 사회적 성취에 따라 사회경제적 지위를 배분함으로써 인력활용을 극대화

④ 학교의 선발·배치 과정(전공서에서 발췌)

좋은 대학에 갈 인재를 선별하기 위해 '성적'을 기준으로 삼아 선발·배치를 한다.

⑤ 학교의 선발·배치 기능의 한계(전공서에서 발췌)

- 학벌 형성하여 특권적으로 지위 독점
- 학교가 학력 취득의 장으로 변질
- 강제적 선발 과정 참여로 병리현상(중도 탈락, 낙제, 이탈 등)
- '능력'을 바탕으로 한 공정한 선발인지에 대한 불분명성

단권화 교재:『교육학 논술의 패러다임』, EBS 교육학 대표 논술교수 권구현, 밝은내일, 2017, 128쪽

기능론적 관점에서 바라본 학교의 선발·배치에 대한 내용이다. 여기서 기출포인트는 '기능론적 관점에서 바라본 **학교의 선발·배치 기능**과 **한계**' 이므로(2016학년도 교육학 논술 문제 근거) 만약 위의 단권화 교재를 바

탕으로 서브노트를 만든다면 선발·배치의 '기능'과 관련해서는 ①(전공서에서 발췌한 선발·배치의 기능)번, ②(선발·배치에 대한 기출지문)번, ③(수험서에 실린 선발·배치의 기능)번 내용을 통합하여 정리하면 되고, 선발·배치의 '한계'와 관련해서는 ⑤(선발·배치의 한계)번 내용을 축약하여 적으면 된다.

④(선발·배치의 과정)번 내용은 개념을 이해하는 배경지식일 뿐 굳이 암기할 필요는 없으므로 서브노트에 적을 필요는 없다.

한편, 아직 출제되지는 않았지만 기출분석에 근거했을 때 앞으로 시험에 나올 가능성이 높은 포인트가 다른 교재(수험서 및 전공서)에서 보이면 그 부분도 적어 놓으면 되는데 이와 관련하여 아래 내용을 보자.

- 학습능력에 맞는 학습방법, 반편성이 고려되어야 한다.
- 적성·학습능력에 맞는 교과과정을 제공한다.
- 아동들의 학업성취에 대한 평가도 다양한 평가방법으로 이루어져야 한다.
- 아동의 능력에 따른 교과과정·반편성·교과배치 간의 연계성이 고려되어야 한다.

『김인식 교육학 논술개념잡기(상)』, 김인식, 박문각에듀스파, 430쪽 수정발췌

위 내용은 단권화 교재로 삼은 강사 수험서 이외에 다른 강사의 수험서 내용을 보다가 발견한 내용이다. 기능론에서의 선발·배치 '전략'이라 할 수 있다. 지금까지 교육학 기출문제를 보면 기능론적 관점에서 바라본 학교의 선발·배치 내용은 1) 기능과 2) 한계를 물었는데 기출문제는 언제나 같은 포인트만 계속 묻는 것이 아니라 조금씩 넓혀 가며 주변 포인트들을 다룰 수 있는 것이므로 앞으로 이 내용이 출제될 가능성이 높다고 생각되

면 서브노트에 같이 적어 두면 된다. 하지만 이번 해에 출제될 가능성이 낮고 기출포인트 내용만 정리하기에도 벅차다면 이해 차원으로만 남기고 그냥 넘기자. 많이 적는 게 중요한 게 아니라 적은 것을 정확하게 암기&인출하여 답안으로 작성하는 연습이 더 중요하니까!

(3) 키워드 추출

이 부분을 무난히 소화하려면 '핵심 문장 및 핵심키워드 찾기'편을 숙지하고 오는 것이 좋다. 핵심키워드를 찾는 방법으로는 기출문제로 찾는 법과 공통 단어로 찾는 법, 그리고 불필요 단어를 버려 가면서 찾는 방법이 있었다. 여기서는 3가지 방법을 복합적으로 사용하여 핵심 키워드를 추출할 것이다.

②(선발·배치에 대한 기출지문)번 내용을 갖고 키워드를 추출해 보자. 아래의 두 기출문제 지문을 보면 중복되기도 하고 불필요한 단어들도 있으므로 정리가 필요하다.

---

② 선발·배치에 대한 기출문제의 지문, 보기

01 초등 12번, "학교는 사회가 필요로 하는 인재를 선발하여 적재적소에 배치하는 역할을 수행한다."

15 상반기 논술, "최근 사회는 학교가 세분화된 직업 집단의 교육요구를 충족시켜 주기를 원하고 있고"

2001초등 문제 지문에서는 '학교', '사회', '필요', '인재', '선발', '배치'를,

2015중등 논술 문제 지문에서는 '학교', '세분화된 직업 집단', '교육요구' 정도를 핵심 키워드로 꼽을 수 있다. 이 단어들 중에서 '사회'와 '세분화된 직업 집단'은 의미면에서 동일하므로 둘 중 마음에 드는 것으로 하나만 사용해도 된다. 마찬가지로 '필요'와 '교육요구'도 동일한 의미이므로 하나만 선택하면 된다. 따라서 두 문장을 통합하여 정리하면 다음과 같이 만들 수 있다.

1안	학교는 사회가 필요로 하는 인재 선발 및 배치
2안	학교는 세분화되어 가는 여러 직종에서 요구되는 인재를 선발 및 배치

1안대로 간다면 2001초등 기출지문과 다를 바가 거의 없다. 불필요한 단어만 살짝 제거했을 뿐이다. 1안이든, 2안이든 본인에게 더 편한 단어로 선택하여 정리하면 된다.

(4) 재배열

재배열 작업은 중복되고 불필요한 내용을 걷어 내어 이를 자신의 논리구조에 맞게 재배열하는 작업이다. 각 문장을 핵심 키워드로 추출했어도 번잡스러워 보일 경우 자신의 인지구조에 맞게 재편성하여 암기&인출에 용이하게 만드는 방법인데, 이 작업은 키워드 추출 단계 후에 진행해도 되고 키워드 추출을 하면서 동시에 진행해도 된다. ③(선발·배치에 대한 단권화 교재 내용)번 내용을 갖고 연습해 보자. 분량은 많아 보이지만 중복된 내용들이 많아 삭제, 통합, 재배열이 필요하다.

③ 선발 · 배치의 기능(원래 단권화 교재에 있는 내용)

첫째, 학생의 능력 및 수준을 파악하는 진단과 능력주의에 따른 지위 배분
둘째, 학생들의 능력별 다양한 교육경험 부여로 사회 직업세계에 대한 분류와 여과 기능
셋째, 능력에 따른 지위와 소득의 분배로 개인적 능력의 극대화와 사회 평등에 기여
넷째, 사회적 성취에 따라 사회경제적 지위를 배분함으로써 인력활용을 극대화

『교육학 논술의 패러다임』, EBS 교육학 대표 논술교수 권구현, 밝은내일, 2017, 128쪽

필자는 우선 불필요 단어를 삭제하고 아래와 같은 사고과정으로 공통 단어를 중심으로 내용을 통합한 후 재배열하였다.

〈삭제, 통합, 재배열 과정〉

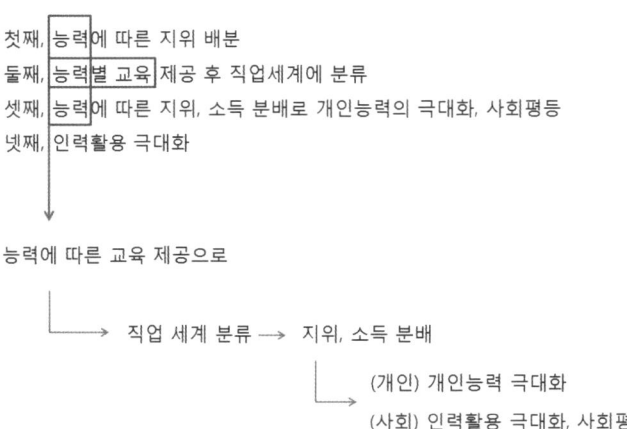

위와 같은 사고과정을 서브노트로 적는다면 문장식 또는 구조식으로 적을 수 있다.

문장식	능력에 따라 교육을 제공한 후 직종에 맞게 분류하며 그에 따라 지위, 소득분배 차이 발생하게 된다. 이는 개인 차원에서는 능력의 극대화를 불러일으키며 사회 차원에서는 인력활용 극대화 및 사회평등 실현의 기제가 된다.
구조식	능력에 따른 교육 제공 ⟶ 직종 분류 ⟶ 지위, 소득 분배 ⟶ (개인) 개인능력 극대화 ⟶ (사회) 인력활용 극대화, 사회평등

하나 더 다뤄 보자. ⑤(선발·배치 기능의 '한계'에 대한 전공서 내용)번 내용을 가져왔다. 발췌할 당시 요약을 했지만 여기서도 더 줄일 수 있을지 생각해 보며 내용을 삭제, 통합, 재배열하면 된다.

---

* 학교의 선발·배치 기능의 한계(전공서에서 발췌)

- 학벌 형성하여 특권적으로 지위 독점
- 학교가 학력 취득의 장으로 변질
- 강제적 선발 과정 참여로 병리현상(중도 탈락, 낙제, 이탈 등)
- '능력'을 바탕으로 한 공정한 선발인지에 대한 불분명성

[불필요 문장(키워드) 삭제 및 통합]

- 학벌 형성으로 지위 독점
- 학교가 학력 취득의 장으로 변질
- 선발 과정의 공정성과 병리현상(탈락, 낙제, 이탈) 문제

〈재배열 사고과정〉

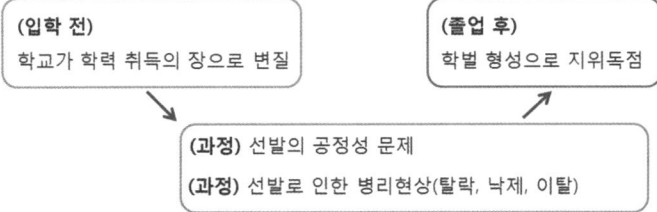

(입학 전) 학교가 학력 취득의 장으로 변질

(졸업 후) 학벌 형성으로 지위독점

(과정) 선발의 공정성 문제
(과정) 선발로 인한 병리현상(탈락, 낙제, 이탈)

재배열할 때는 문장 순서를 자신의 논리적 흐름대로 바꾸면 된다. 그래야 암기와 인출에 편하다. 원 자료에서는 '학벌 형성으로 지위독점'이 맨 앞에 있었지만 필자는 맨 뒤로 보냈다. 대신 맨 앞에는 '입학 전'이라는 머리말을 붙여 '학력 취득의 장으로 변질'을 배치했고 가운데에는 나머지 두 문장을 '과정'이라는 머리말로 묶어 배치했다. 이렇게 재배열을 마치면 나만의 '이야기'가 된다.

[재배열로 만든 이야기]

학교의 선발·배치 기능의 한계를 생각해 볼까? 우선 입학 전부터 학교는 학력 취득의 장으로 변질됐다는 점이 있어. 그 과정에 강제적으로 참여했을 때 병리현상이 발생할 수 있어. 또한 선발 과정 자체가 공정한지에 대해서도 의문이 남아. 요즘은 능력이 아니라 돈으로 스펙을 쌓기도 하니까. 졸업을 하면 똑똑한 사람들은 또 자기들끼리 학벌을 형성해서 특정 지위를 서로 차지할 수 있게 도와줘. 이런 게 문제라면 문제지.

서브노트에 적을 때는 재배열 사고과정에 근거하여 다음과 같이 구조식으로 정리할 수 있다.

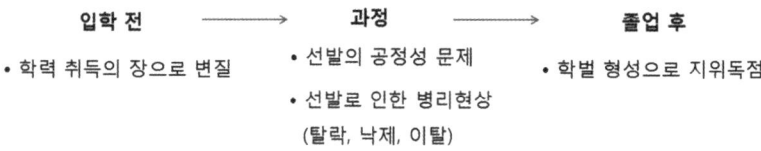

지금까지 서브노트 제작 방법에 대해 알아 보았다. 차근차근 설명하기 위해 네 단계로 나눴지만 사실 조금만 연습하면 이 과정을 자연스럽게 한 큐에 끝낼 수 있을 것이다.

그리고 서브노트의 목적은 '제작' 그 자체에 있는 게 아니라 그것을 '활용' 하는 데 있음을 꼭 기억하자. 만드는 과정 자체도 의의가 있지만 결국 중요한 건 서브노트의 내용을 암기&인출 연습 하여 시험문제의 조건과 상황에 맞게 풀어 쓰는 것이 우리의 최종 목적임을 잊지 말자. 끝으로 합격생들의 서브노트 샘플을 몇 가지 실어 놓으니 살펴보기 바란다.

〈2017학년도 가정 합격 양희선 선생님 서브노트〉

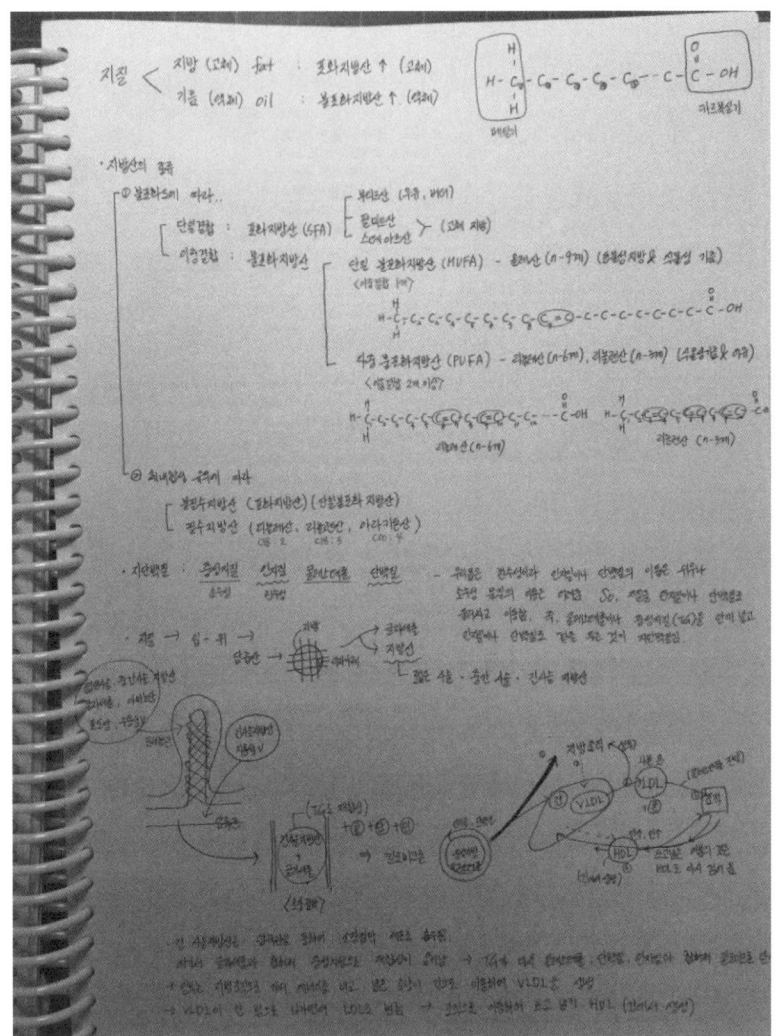

⟨2017학년도 가정 합격 양희선 선생님 서브노트⟩

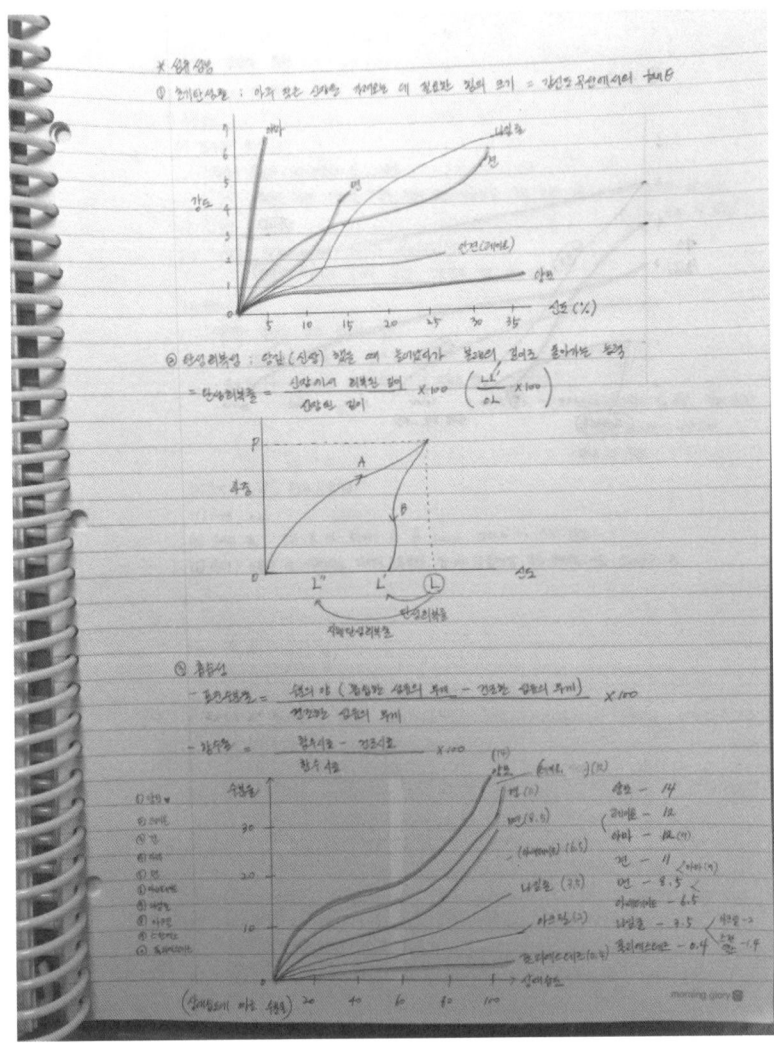

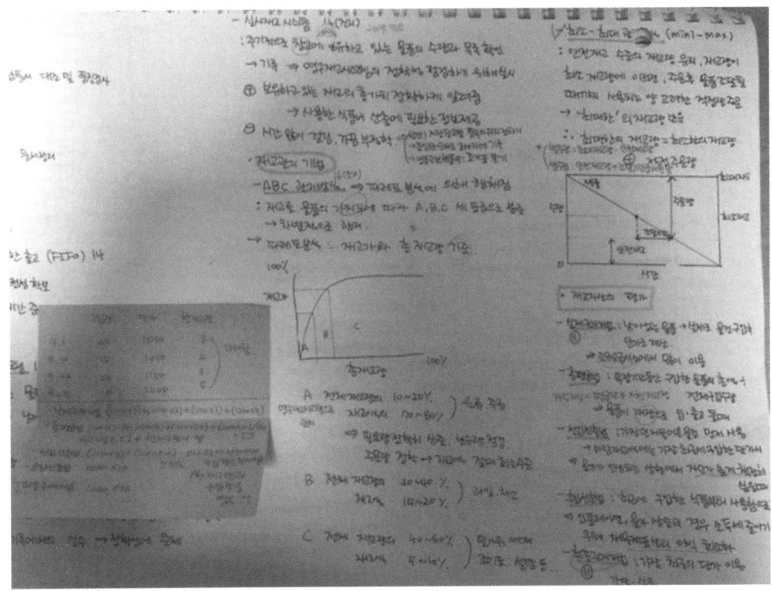

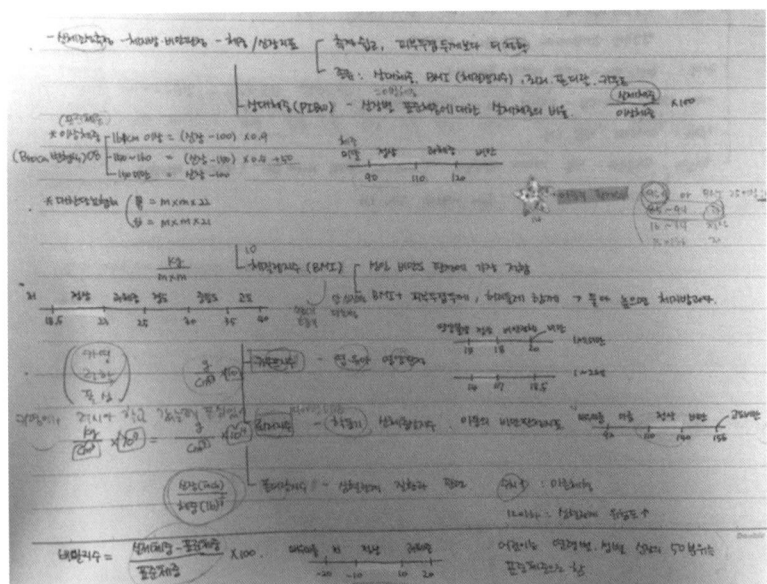

〈2017학년도 일반사회 합격 문소정 선생님〉

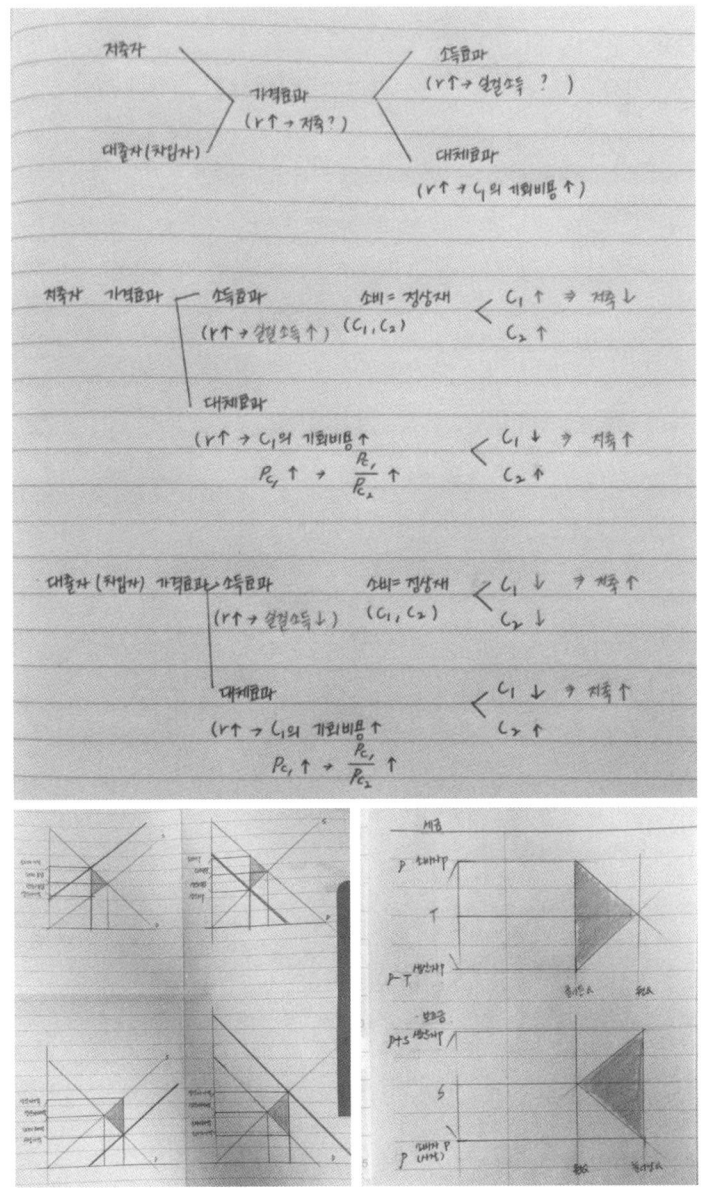

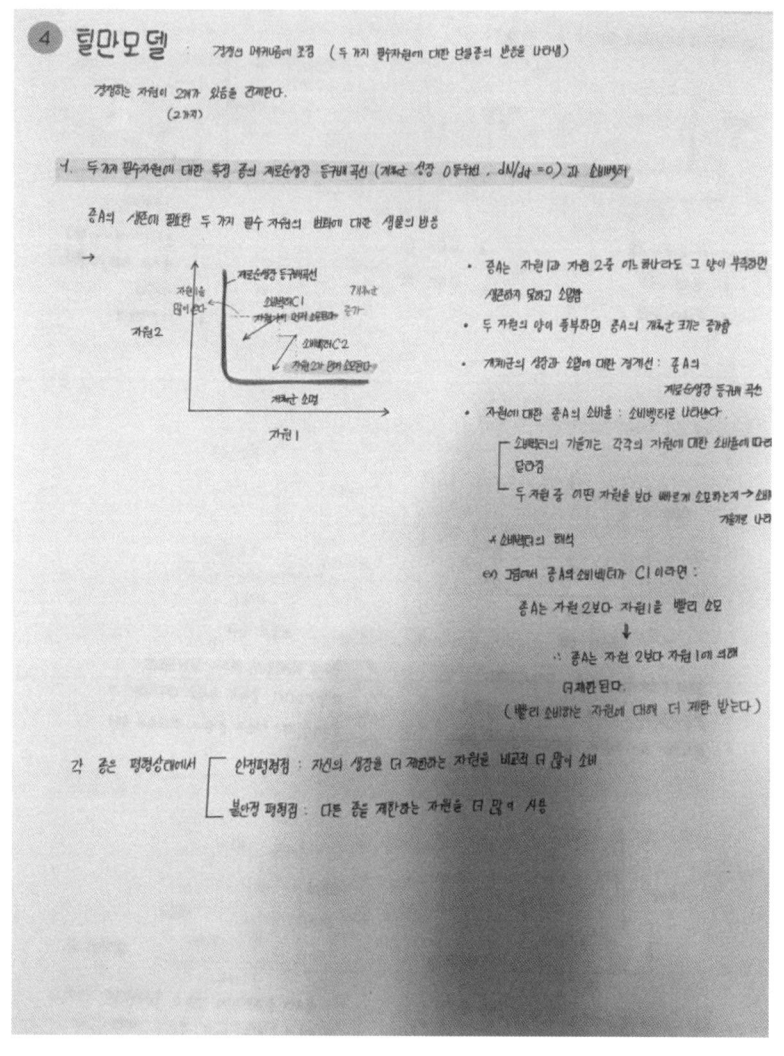

⟨2018학년도 생물 합격 권기쁨 선생님⟩

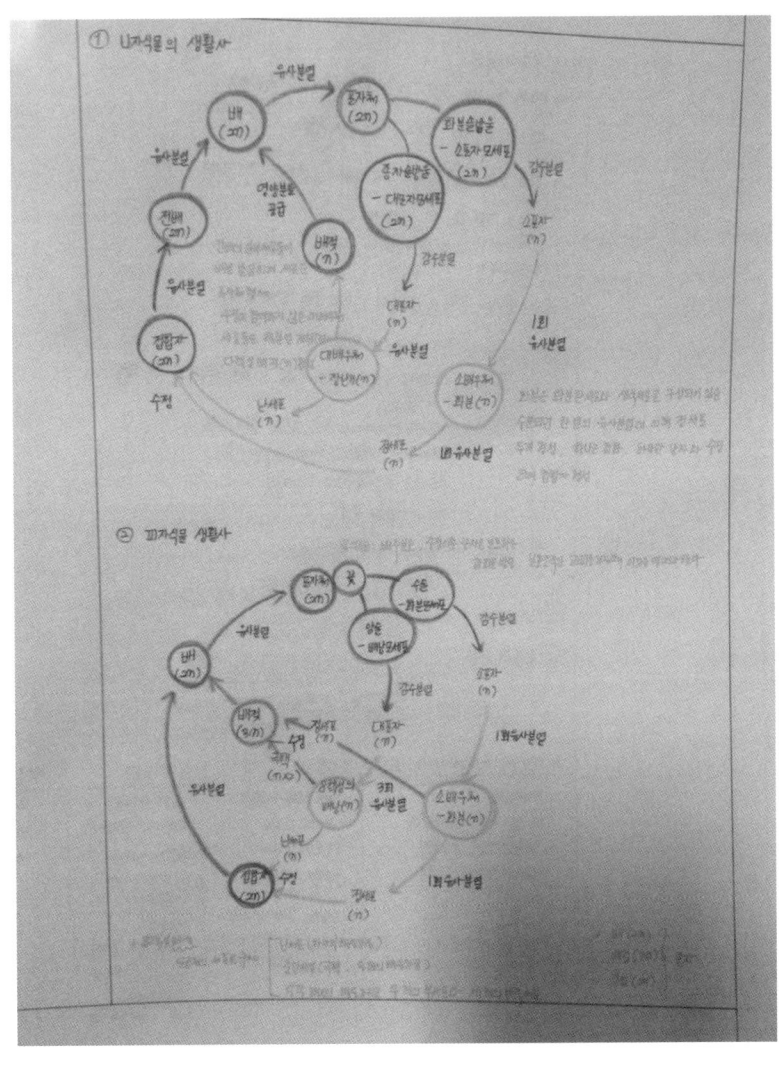

〈2018학년도 중등특수 합격 박지웅 선생님〉

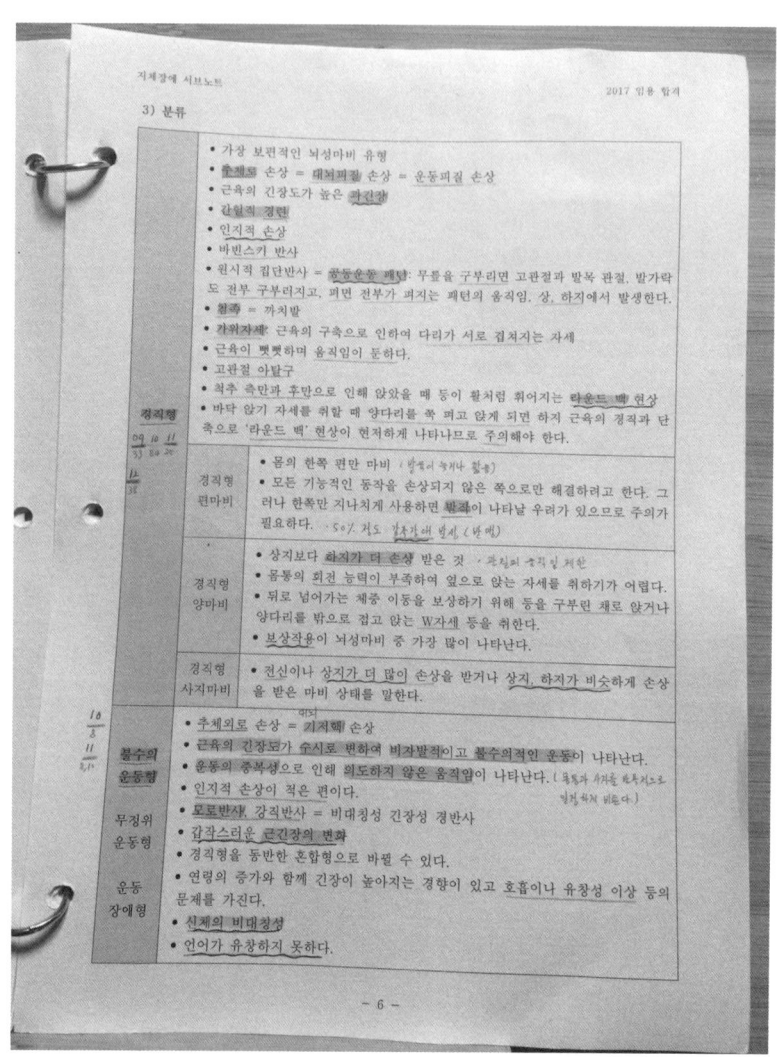

2) 신체의 정렬

정의	• 신체의 각 부위의 상대적 관계로서 공간 속, 혹은 중력의 방향에 대한 신체 전체의 관계를 의미한다. • 상체와 머리의 조절 능력을 감소시켜 일상생활에서의 수행 능력과 지구력을 감소시킨다. 그러므로 신체의 정렬을 유지하여 머리의 조절과 몸통의 안정성을 유지해 주는 것은 일상생활에서의 참여를 높이기 위해서 중요하다. • 신체의 일부분의 구축과 변형을 가져오며 척추 기형을 초래할 수 있다. • 요로 감염 및 호흡 기능 장애를 유발한다.

〈박은혜. 281〉

3) 자세 반사

비대칭성 긴장성 목반사 ATNR	• 목을 좌우로 돌리는 동작에 의해 유발된다. • 목을 돌림에 따라 얼굴이 바라보는 쪽의 팔과 다리가 신전되고 그 반대편의 팔과 다리는 굴곡된다. • 펜싱자세라고 불리며 앙와위, 앉은 자세에서 쉽게 유발된다. • 이 반사가 지속적으로 존재하게 되면 식사하기, 시각적 추적하기, 양손을 신체 중앙 부분에서 사용하기, 신체의 전반적 대칭성 유지를 저해하는 요인이 된다. • 척추측만증과 같은 기형과 함께 비대칭적인 앉기 자세를 발생시킨다. • 욕창 발생 부위: ③관절, ⑨골 • 머리를 휠체어 머리 받침의 정중선에 유지시키면 반사의 영향 감소
대칭성 긴장성 목반사 STNR	• 목의 굴곡이나 신전에 의해 일어난다. • 목이 뒤로 젖힌 상태로 신전했을 때에는 상지가 신전되고 하지는 굴곡 된다. • 목을 앞으로 수그린 상태로 굴곡 시켰을 때에는 상지가 굴곡 되고 하지가 신전된다. • 앉은 자세에서 STNR의 영향은 적절한 자세 잡아 주기 전략을 사용함으로써 많이 통제할 수 있다. • 복와위 자세에서는 이 반사의 영향으로 인해 상지와 하지의 체중지지 활동에 많은 지장을 받게 된다. 기기나 엎드린 자세에서 팔꿈치로 받치고 머리를 드는 동작들은 운동성 발달에 매우 중요한 부분이지만 STNR이 지속되는 경우는 이러한 동작을 하기 어렵다. • 앉은 자세에서는 앞으로 미끄러지게 한다. • 욕창 발생 부위: ⑭골, ⑩골 • 머리의 안정성을 유지하면서 시야의 상하 범위를 일정하게 유지하여 사물을 바라본다면 반사의 영향 감소

서브노트

1. 서브노트란 무엇인가? 왜 만드는 걸까?

- 개념을 핵심키워드로 정리한 노트
- 암기 부담을 줄이려고

2. 서브노트는 꼭 필요한가!?

- 의무감에 만들 필요는 없다
  - 직접 만들어도 되고
  - 합격생 서브노트를 구해도 된다

3. 서브노트 제작 선결 조건

- 기출분석
- 개념이해

4. 서브노트 제작 시기는?

- 이해가 빠르고 정리를 잘하면 2회독부터, 일반적인 수험생이라면 3회독부터 권함

5. 서브노트 제작 방법

- 기출문제 확인
- 내용 선정
- 키워드 추출
- 재배열

| 함께 풀어 봐요, 너와 나의 연결 고민

Q. 강의 듣고 내용을 적어 보며 서브노트를 만드는데 시간은 시간 대로 허비하고 머릿속에 제대로 들어오진 않는 것 같습니다. 그 냥 수험서를 반복적으로 읽는 게 나을까요? 내용은 어렵고 강 의 들은 후에 복습은 해야겠고 고등학교 때나 대학교 때 항상 손으로 적어 가며 공부하던 스타일이라 어떻게 해야 할지 고민 입니다.

- uju3**** 님

A. 강의를 처음 들을 때 서브노트 제작은 비추입니다. 서브노트는 각 과목 별로 개념 이해 수준이 70% 이상은 돼야 수월하게 작성할 수 있습니다. 의미도 모른 채 단어만 적는다고 개념이 머릿속에 정착되는 것은 아니 니 괜히 지금 고생할 필요가 없습니다. 서브노트는 강의를 완강한 후 독학할 때(2회독)나 그 다음 회기인 3회독 시점에 해도 충분합니다.

뭔가 적지 않아 불안하다면 강의 들은 내용을 모두 서브노트로 만들 게 아니라 구조나 목차 정도만 간단히 적어 보세요. 그리고 시간당 3~5가 지 개념 정도만 정해 연습장에 자유롭게 적으면 됩니다. 문장으로 구조 를 갖춰서 정리한다는 느낌으로 적지 마시고요. 눈에 띄는 키워드만 몇 개 나열한다는 식으로 가볍게 적으세요. 그렇게 적은 내용을 쉬는 시 간, 식사 시간, 잠자기 전, 다음날 아침 다시 살펴보면 암기와 인출에 도 움이 됩니다.

Q. 7월인데 서브노트를 만들어야 할까 싶다가도 또 만들어 놓고 안 볼까봐 그리고 너무 오래 걸리고 노동에 불과할까봐 시작하기 겁납니다. 남들 다 있는 것 같은 서브노트 나만 없는 것 같은 느낌에 불안하고 ㅠㅠ 혹 선생님 혹시 저에게 조언 한마디 해 주실 수 없나요??

- gpfl**** 님

A. 남 의식할 필요 없습니다. 내면의 목소리에 귀를 기울이시고 그대로 따라가야 후회도 없습니다. 서브노트는 꼭 제작해야 하는 것이 아닙니다. 남들이 만든 것을 구할 수 있으면 구하세요. 강사가 만들어 준 서브노트나 요약자료 혹은 합격생들의 서브노트를 갖고 암기&인출 연습을 하면 되고, 남이 만든 것이라 부족한 내용이나 불필요한 내용이 있는 것 같다면 보충 및 삭제를 해 가며 다듬으면 됩니다.

만약 서브노트를 구할 수도 없고, 직접 만들기에는 시간이 너무 많이 걸릴 것 같으면 기출문제나 강사의 문제 풀이, 모고 문제를 풀 때 어렵게 느껴지는 개념만 따로 정리해보세요. 모든 개념을 다 노트에 넣지 않아도 됩니다. 오답노트 식으로 서브노트를 만드는 것이죠! 기본적인 개념은 수험서(강사 교재)를 보면서 핵심 키워드 위주로 외우되, 어렵거나 틀린 문제만 오답노트에 따로 관리하여 주기적으로 암기&인출 연습하면 더 효율적일 겁니다.

Q. 서브노트를 만들면서 그때그때 완벽 암기도 병행해야 할까요? 아니면 최대한 빨리 노트정리를 한 후에 그것을 토대로 암기를 해야 할까요?

- napd**** 님

A. 전자대로 하면 서브노트 제작을 기한 내에 끝낼 수 없습니다. 그렇다고 암기를 아예 배제하라는 것은 아닙니다. 나중에 몰아서 암기하려면 힘드니 지금 상태에서는 시간당 암기할 적정 개수를 정해 놓고 목표량을 채우는 방식으로 외우면 됩니다. 본격적인 암기는 서브노트를 제작한 후에 실행하면 됩니다.

Q. 요점 정리하는 능력이 부족해서 자료를 그대로 옮겨 적다 보니 하루를 자료 정리로 다 쏟을 때가 많습니다. 80여 일 정도 남은 시점에서 이러면 안 되는데 하면서도 자꾸 정리에 신경을 쓰는데 어떻게 하면 좋을까요? 남들은 자료 정리하면서 학습한다는데, 저는 자료정리하면서 학습은 안 되고 있습니다.

- soda**** 님-

A. 자료를 그대로 옮겨 적는다는 것은 개념을 충분히 이해하지 못했다는 증거입니다. 쓰면서 정리해야 개념 이해가 잘 되는 사람이 있는 반면 그렇지 않은 사람도 있습니다. 선생님은 후자에 속하시니 이럴 땐 무리해서 요약하지 말고 헷갈리거나 어려운 개념 위주로 수험서+전공서+기

출문제로 개념을 충분히 이해하는 데 신경을 쓰고 강사의 요약집이나 합격생의 서브노트를 구해 암기&인출 및 답안 작성 연습을 하는 게 나을 겁니다.

Q. 3월입니다. 합격생 서브노트를 받았다면 어떻게 활용해야 할까요?
- thee**** 님

A. 서브노트의 가치는 서브노트를 만든 사람에게 가장 높습니다. 기출분석, 인지구조, 개념 이해도에 따라 본인에게 가장 적합한 형태로 최소 키워드로 정리한 것이 서브노트이니까요. 합격생은 서브노트의 키워드만 봐도 개념에 대한 전반적인 내용과 관련 예시가 생각나겠지만 그 노트를 받은 수험생은 그렇지 못합니다.

따라서 저는 서브노트를 받았으면 그 내용을 무작정 달달달 외우는 것은 말리고 싶고요. 3월이니 인터넷 강의를 수강하거나 전공서로 독학을 할 때 그 서브노트를 함께 보면서 왜 합격생은 이 단원(주제)에서 이 개념들로 구조를 잡았고, 각각의 개념은 왜 이 키워드를 썼는지 음미해 보세요. 그래야 서브노트 내용을 능동적으로 받아들여 자기 것으로 만들 수 있습니다.

집중이 잘 안 되는 시간대에는 개념을 이해하기 힘드니 그럴 때는 15~20분 정도 서브노트 내용을 암기&인출 연습하는 시간도 가져 보세요. 자투리 시간(식사, 이동, 쉬는 시간 등)에 틈틈이 암기&인출 연습해도 좋고요.

끝으로, 합격생의 서브노트는 어쨌든 과거의 결과물이므로 기출분석을 토대로 올해 시험 경향을 추측해 봤을 때 부족한 내용이 있거나 불필요한 내용이 있으면 첨가 및 삭제하는 과정도 거쳐야 합니다. 만약 합격생 서브노트의 구조나 내용이 내 인지구조와 맞지 않고 기출분석에 근거했을 때 첨가, 삭제할 부분이 많다면 차라리 5~7월부터 직접 만들어 보세요. 합격생 서브노트를 참고하여 만들면 되므로 두 달이면 완성할 수 있을 거예요.

Q. (3월) 1차에서 1점차로 떨어졌습니다. 떨어진 이유를 생각해 보니 단어 A를 알고는 있으나 시험지문을 읽어도 그것이 A임을 연관시키지 못하는 것 같더군요. 왜 그럴까 고민한 결과 제가 작년에 이해가 부족한 상태에서 서브를 너무 단어 위주로만 축약시켜 놓은 게 아닌가 싶습니다. 그래서 올해는 제가 만든 서브에 설명을 덧붙이기 시작했는데…… 작년 서브가 많이 부족했던 건지 올해 서브가 많은 건지 분량이 약 두 배가 되어 갑니다. 3월 내내 해도 이제 겨우 두 단원 째인데 제 임용과목이 모두 20단원이라고 했을 때 이런 식으로 진행하는 게 과연 효과적일까요?
- hyon**** 님(일반유아)

A. 아니요! 그렇게 하다가는 11월까지 서브노트만 만드실 것 같아요. 서브노트를 만드는 이유는 기출개념을 핵심 키워드로 압축하여 암기&인출 연습하기 위함이지 개념을 이해한 흔적(설명 덧붙이기)을 노트에 다 적기 위해서가 아닙니다. 개념을 이해한 흔적은 노트가 아니라 머릿속에 있어야 하죠.

작년에 1점차로 떨어지셨다고 하니 이번에는 기출개념 위주로 2회독 정도만 하더라도 개념 이해는 충분히 완성될 것 같습니다(기출개념에서도 어렵거나 헷갈리는 개념 위주로 2회독을 한다면 더 시간을 단축시킬 수 있겠죠). 이번 편의 앞에서도 말했지만 서브노트 제작의 선결 조건은 '충분한 개념 이해'입니다. 개념을 이해한 상태여야 핵심 키워드로 요약을 해 놓아도 나중에 그 키워드만 보고도 관련 내용 전반을 떠올릴 수 있으니까요.

그러니 서브노트 제작은 일단 보류하시고요. 기출개념을 여러 자료(수험서, 기출문제, 전공서, 해설서, 지도서, 장학자료 등)로 공부하면서 충분히 이해한 뒤에 5~7월쯤 서브노트를 만들어 보세요. 지금은 기출포인트 내용을 확실하게 공부하면서 어떤 단어를 핵심 키워드로 삼으면 좋을지 생각하고 체크해 놓는 정도로 진행하셔도 괜찮습니다.

Q. 각 전공서들을 종합하여 서브를 만드는데 도무지 감이 잡히지 않아 고민입니다. ㅜㅠ 한 과목을 서브로 만들기 위해 주요 전공서 2~3개를 함께 펴 놓고 비교하며 내용을 익히고 있는데, 이 전공서들을 통합해서 서브노트로 만드는 작업을 어떻게 해야 할까요?ㅜ 각 책마다 중복되는 내용도 많지만, 카테고리 자체를 다르게 구분하는 부분도 많기 때문에 정리를 할 때 큰 틀을 어떻게 잡아서 통합하여야 하는지 고민입니다. 조언 부탁드리겠습니다!

– hodu**** 님

A. 우선 중복된 내용을 정리하는 방법부터 말씀드릴게요. 첫째, 이번 주에

A과목을 서브노트로 만들 예정이라면 그 과목에 해당되는 기출문제를 보면서 기출포인트를 확실하게 파악하시고요. 둘째, 수험서와 여러 전공서 및 기타 자료(논문, 인터넷 검색 자료 등을 말하며 전공서로도 충분하다면 대상에서 제외시켜도 됨)를 펼쳐 놓고 그 기출포인트를 설명하고 있는 부분을 찾습니다. 셋째, 중복되는 내용은 기출문제의 지문 및 보기 내용과 가장 유사한 자료(수험서, 전공서, 논문 등) 내용을 주축으로 삼고 정리하면 됩니다. 그리고 어떤 키워드를 핵심 키워드로 삼아야 할지 모르겠다면 이 책의 '핵심문장 및 핵심키워드 찾기'편과 '서브노트 제작방법' 부분을 자세히 읽어 보세요.

다음으로 카테고리 잡는 법을 말씀드릴게요. 일단 수험서 목차를 기준으로 뼈대를 잡되, 기출분석에 근거했을 때 불필요하거나 불충분한 카테고리는 삭제하거나 전공서 목차 범주와 내용을 참조하여 보충해 주면 됩니다. 전공서마다 카테고리(목차)가 다를 수 있는데 복잡하게 생각할 필요 없습니다. 기출분석에 근거하여 시험에 나오는 주제와 이론(개념)과 관련된 단원명만 목차 내용으로 삼으면 됩니다. 전공서마다 다를 수밖에 없는 모든 카테고리를 다 통합하여 넣으려고 애쓰지 않아도 됩니다. 우리는 백과사전을 만들려고 서브노트를 만드는 게 아니라 시험에 출제될 개념을 암기&인출 연습하기 위해 서브노트를 만드는 것이니까요.

12

암기

내게 능력 주시는 주 안에서
내가 모든 것을 할 수 있음이로다.

- 빌립보서 4장 13절 -

암 기	1. 암기에 대한 오해	• 한 번 잘 외워 놓으면 머릿속에 그대로 남아있겠지? • 암기만 하면 인출은 자동으로 되겠지? • 에빙하우스 이론만 따르면 나도 암기 천재?

	2. 기본 암기 전략	• 암기 개수 정하기
		   – 무리하지 않는 범위 내에서
		• 스터디 활용하기
		• 암기할 곳 구분하기
		   – 읽고 넘어갈 부분
		   – 이해까지 할 부분
		   – 암기까지 할 부분
		• 기출포인트 찾기

	3. 실전 암기 전략	• 선인출 후 암기
		   – 일단 인출부터 해보고 빈틈을 메우자
		• 재배열하기
		   – 핵심어 선정
		   – 통폐합하기
		   – 이야기 만들기
		• 이야기 두문자
		• 시각 이미지로 변환
		   – 코드로 변환
		   – 수미지 전략

1) 암기에 대한 오해

　공부를 하다 보면 여러 부분에서 스트레스를 받겠지만 가장 스트레스를 받는 부분은 단연코 암기와 인출일 것이다. 분명 공부도 하고 암기도 했는데 돌아서면 잊어버리니 자괴감이 들 만도 하다. 암기와 인출은 시험과 직결되므로 시험에 가까워질수록 생각만큼 인출이 되지 않으면 수험생으로서 받는 스트레스와 심리적 압박감은 가히 그 어떤 것과 비교할 수 없을 만큼 크다고 할 수 있다.

　그렇기에 필자는 우선적으로 수험생들이 갖고 있는 암기에 대한 오해를 풀어 주고 싶다. 오해를 풀어야 잘못된 관념으로 인한 부담감을 덜어내고 어떻게 하면 더 효율적으로 암기할 수 있을지를 바른 관점으로 바라볼 수 있다. 또한 암기 때문에 겪는 문제는 나만 겪는 문제가 아니라 사람인 이상 누구나 겪는 문제임을 깨닫게 된다면 스트레스도 덜 받고 위안을 삼을 수 있다. 그렇다면 수험생들이 흔히 갖는 암기 오해로는 무엇이 있을까?

오해 1. 한 번 잘 외워 놓으면 머릿속에 그대로 남아 있겠지?

그럴 수가 없다. 그렇게 따진다면 재학생 시절 중간고사, 기말고사 때 달달 외웠던 개념들이 지금도 생각나야 하는 게 맞다. 분명히 말하지만 내 머리가 나빠서 그런 게 아니다. 합격생들도 1차 시험을 치르고 한 달만 지나도 그동안 공부했던 개념을 반 이상 까먹는다. 그 이유를 뇌 과학적으로 살펴보자.

우리의 뇌에는 1,000억 개가 넘는 뉴런이 있고, 이 뉴런들 하나마다 수천에서 수십만 개의 시냅스 입력을 받아 자그마치 1,000조 개의 시냅스가 존재한다. 이 시냅스에는 학습한 정보들을 담을 수 있는데, 이미 학습한 정보라도 자극이 오랜 시간 가해지지 않으면 시냅스 가지가 가느다래지거나 소멸되고 만다. 즉, 학습한 정보를 망각한다는 소리다.

주민등록번호, ID, 비밀번호 등은 언제나 늘 자주 사용하므로 한 번 장기기억으로 넘어가면 망각할 가능성이 적다. 하지만 우리가 공부하는 개념들은 힘들게 암기하며 장기기억에 넣었어도 일상생활 속에서 자주 사용하지 않으므로 망각될 가능성이 높다(아예 개념이 머릿속에서 없어졌다는 소리가 아니라 제때 적절하게 인출하지 못한다는 의미).

그러니 암기를 했어도 생각나지 않는 건 지극히 당연한 현상이므로 너무 자책하지 않아도 된다. 누구나 다 그런 것이니까. 대신 인출 가능성을 높일 수 있는 방법들(인출단서, 주기적 점검, 논리적 재배열 등)을 갖추면 된다. 이에 대해선 뒤에서 더 자세히 다루도록 하겠다.

오해 2. 암기만 하면 인출은 자동으로 되는 거 아니야?

앞에서 학습한 정보는 1,000조 개가 넘는 시냅스에 저장된다고 했었다. 이때 하나의 개념은 어떤 특정한 시냅스에 온전히 저장되는 것이 아니다. 개념은 그 개념을 구성하는 여러 요소들로 이루어져 있는데 이 요소들은 여러 시냅스에 퍼져서 저장된다. 그래서 어떤 개념을 인출하려면 그 개념을 구성하는 요소들을 여러 시냅스에서 긁어모아 '조립'을 해야 한다. 인출이 암기보다 힘든 이유가 여기에 있다.

우리의 뇌 구조 자체도 인출에는 용이하지 않다. 아래의 그림을 보자. 우리의 대뇌를 나무껍질처럼 둘러싸고 있는 대뇌피질Cerebral Cortex이라 불리는 부분인데, 대뇌피질은 구조에 따라 그 주요 기능을 달리한다.

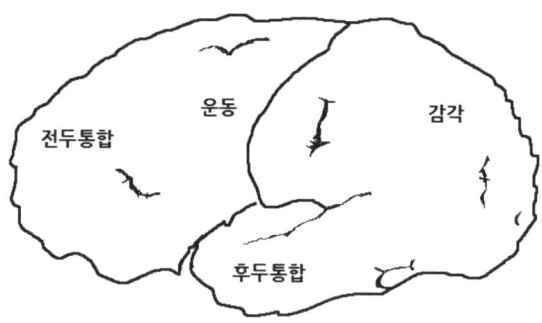

정보를 1차적으로 받아들이는 곳은 감각피질이며 이 정보들을 조합하여 기억을 형성하고 재구성하는 곳이 바로 후두 통합피질이다. 반대로 기억

을 회상하는 곳은 전두 통합피질인데, 기억을 회상하는 것을 넘어 그 개념을 말하거나 쓰기 위해선 운동피질도 관여해야 한다. 이렇게 기억을 형성하는 곳, 기억을 회상하는 곳, 기억을 산출하는 곳이 제각기 다르다는 것은 무엇을 의미하는 걸까?

"인출을 잘 하려면 인출을 담당하는
모든 뇌 영역이 자극되어야 한다."

백날 눈으로만 보고 암기해 봤자 감각피질과 후두 통합피질만 자극시킬 뿐이다. 인출을 잘 하려면 인출과 직결되는 뇌 영역인 전두 통합피질(회상)과 운동피질(산출)도 자극되어야 한다. 자극을 가하면 가할수록 시냅스 간 정보 흐름이 원활해지고 원활해진 만큼 정보를 인출할 가능성이 높아진다.

그렇다면 이 영역들을 자극시키려면? 일단 내뱉어야 한다. 암기했으니 별도의 인출 연습이 없어도 나중에 잘 될 것이라 속단하지 말고 말로든 글로든 공부 또는 암기한 개념을 내뱉어 봐야 한다. 그래야 후두 통합피질, 전두 통합피질, 운동피질을 고루 자극시킬 수 있다.

오해 3. 에빙하우스 망각이론만 따르면 나도 암기천재?!

독일의 심리학자 에빙하우스(Ebbinghaus)는 인간의 기억에 대한 망각률을 연구하며 아래와 같은 결과를 내놓았다.

"인간은 학습 후 20분 이내에 학습한 내용의 약 58%를 기억할 수 있으며

한 시간 후에는 44%, 1일 뒤에는 34%, 한 달 뒤에는 21%를 기억할 수 있다."

그래서 세간의 무수한 학습 전문가들은 에빙하우스의 망각이론을 인용하며 다음과 같은 조언을 한다.

"공부를 하고 나면 기억률이 점점 떨어지니 공부를 끝낸 후 10분 내에 10분 동안 복습하시고요. 잠자기 전에, 다음 날 아침에, 일주일 후에, 한 달 후에 10분씩 다시 복습하면 공부한 내용을 장기기억 상태로 유지할 수 있습니다."

〈에빙하우스의 망각곡선〉

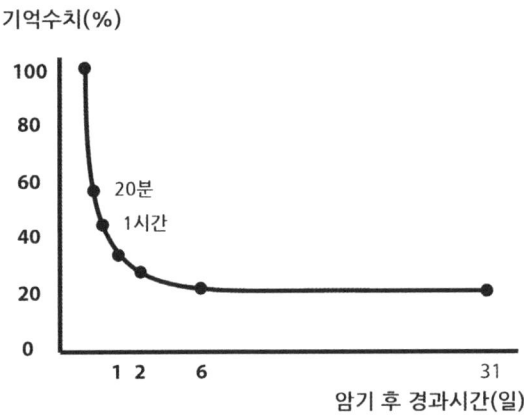

과연 이 말은 임용고시를 준비할 때도 유효할까? 곧이곧대로 받아들이지만 말고 에빙하우스의 망각이론이 임용고시에도 적절하게 적용될 수 있을지 자세히 뜯어볼 필요가 있다.

첫째, 에빙하우스가 암기 대상으로 삼은 건 '무의미 철자'다. 무의미철자란 단어가 될 수 없는 자음과 모음의 배열로 이루어진 철자로서 '고띠·뛰카·쓰하·튀쎼·호뀨' 등을 말한다. 그런데 우리가 공부하는 대상은 '무의미 철자'인가? 아니다. 의미를 담고 있는 '개념'들이다. 이해가 필요 없는 '무의미 철자'와 이해가 전제되어야 하는 '개념'을 암기의 대상으로 동일선상에 놓는 것 자체가 모순이다.

둘째, 에빙하우스는 '13개의 무의미 철자'로 실험을 했다. 하지만 우리는 1시간에 13페이지가 넘는 분량을 학습해 나가고 있다. 암기 분량에 있어서도 어마어마하게 차이가 난다.

셋째, 10분 동안 복습하는 게 거의 불가능하다. 13개의 무의미철자는 10분 안에 복습하면서 다시 암기하는 게 가능할 것이다. 하지만 13페이지가 넘는 분량을 10분 안에 복습하면서 이해를 전제로 암기까지 한다는 게 과연 가능할까? 천재가 아니고서야 불가능에 가깝다.

이렇듯 질적으로나 양적으로 따져 봤을 때 에빙하우스의 실험 조건과 우리의 공부 조건은 서로 상이하게 다르다는 것을 알 수 있다. 시험 막바지에 다다랐을 때 단순 '암기'에 있어서는 에빙하우스 이론과 그에 따른 전략을 참고할 수 있겠지만 그 이전까지는 이 이론이 우리의 공부 현실과는 상당히 거리가 있음을 알아야 한다. 그래야 암기에 대한 막연한 부담감과 책임감을 버릴 수 있다. 그럼 우리의 현실에 적합한 암기 전략은 어떤 것이 있을까? 기본 전략부터 실전 전략까지 차근차근 하나씩 배워 보자.

2) 기본 암기 전략

(1) 암기 개수 정하기

하루 동안 공부한 개념을 모두 암기할 수는 없다. 7월까지는 개념을 이해하고 기출문제를 풀어 보며 개념의 응용, 적용 연습에 초점을 둬야 하므로 암기에 신경 쓸 시간이 그다지 많지 않을 것이다. 그렇다고 암기에 아예 손을 놓자니 그것도 불안하다. 그럼 이렇게 해 보자. 매일 암기할 개수를 정해 그것만이라도 외워 보는 것이다. 오전에 몇 개, 오후에 몇 개, 저녁에 몇 개 이렇게 개수를 정하면 된다. 가령 오전 9시부터 11시까지 공부를 했다면 점심 먹기 전 20분을 암기시간으로 배정해서 오전에 공부한 내용 중 정말 외워야 할 개념 3~4가지를 선정해서 외우면 된다.

몇 개 안 되는 것 같지만 오전, 오후, 저녁 이렇게 3~4개씩만 외워도 하루 10개 가까운 개념을 외우고, 5일이면 50개, 20일이면 200개의 개념을 외울 수 있다. 7월 전까지는 이렇게만 틈틈이만 암기해도 1,000개가 넘는 개념을 외울 수 있다(물론 암기한 개념이 다 머릿속에 다 남지는 않겠지만 적어도 외운 흔적은 생긴다).

당부하고 싶은 점은 목표를 너무 무리하게 잡지 말라는 것이다. 시간 내에 외울 수 있는 개수를 정해야지 무리하게 잡아서 매번 패배감을 겪으면 오히려 안 하는 것만 못하다. 암기하고 싶은 것들이 많겠지만 그중에서 딱 3가지 정도만 정해서 외워 보고 암기 속도가 점점 빨라지면 나중에 그 개수를 하나씩 늘려 나가면 된다. 그러니 처음부터 욕심 부리지 말 것!

(2) 스터디 활용하기

혼자 가면 쉽게 지치지만 함께 가면 보다 멀리 갈 수 있다. 텐션이 정말 높지 않은 이상 매일 혼자서 암기를 하고 인출을 하는 게 쉬운 일이 아니다. "조금 있다가 하지 뭐, 다음에 하지 뭐."와 같은 말로 미루다 보면 매일 암기는 손도 못 대고 하루 공부를 끝내는 게 다반사가 되고 만다. 인간은 사회적 동물이기에 무엇을 혼자서 할 때보다 시스템을 구축하여 함께했을 때 잠재 가능성과 지속성을 발휘하기 좋으므로 혼자 암기하기 힘들면 스터디를 구해 보자.

스터디는 오프라인 및 온라인 두 가지 형태로 나뉘는데 같은 전공을 공부하는 짝이 주변에 있다면 짝스터디를 꾸려 가까운 장소에서 30분에서 1시간 정도 암기&인출 연습을 하면 된다. 만약 주변에 짝이 없다면 학원 강사 카페나 전공 카페에서 사람을 구해 스터디를 꾸리면 된다. 음성 채팅 어플(디스코드, 스카이프, 카카오톡 보이스톡&그룹콜 등)을 이용해 공부가 잘 안 되는 시간대를 서로 정해 암기&인출 연습을 하면 되는데 서로 정말 중요하다고 싶은 개념을 추천하여 함께 외우고 점검하는 식으로 운영하면 된다.

(3) 암기할 곳 구분하기

　무작정 외우는 건 NO! 교재 내용 전부를 암기 대상으로 삼지 말고 암기할 부분만 선정해서 외워야 효율적이다. 우리가 공부하는 교재는 자세히 살펴보면 '그냥 읽고만 지나가도 될 부분'과 '이해까지 해야 할 부분', 그리고 '암기까지 해야 할 부분'으로 나뉜다.

　'읽고 넘어갈 부분'은 개념과 관련된 배경지식을 늘어 놓은 문장이므로 정독할 필요는 없으며 가볍게 읽고 넘어가면 된다. '이해까지 할 부분'은 우리가 공부하고자 하는 개념을 직접적으로 설명하는 부분으로서 핵심 키워드를 중심으로 이해가 필요한 부분이다. '암기까지 할 부분'은 이해한 문장 중에서도 서술 시험에 대비하여 꼭 외워야 하는 핵심 키워드를 말한다. 핵심어를 찾아 암기해야 하기 때문에 투입 시간이 많지만 그만큼 기억 강도도 높다. 예제를 보면서 이 셋을 어떻게 구분할 수 있는지 살펴보자.

기능론적 교육관

㉠ 기능주의 교육관은 기능주의 사회관과 논리적으로 연장선상에 있다. 한 사회에서 교육의 기능은 광범위하다. 특히 학교는 현대사회에서 대표적인 사회적 기관이다. 현실적으로 대다수의 사회 구성원들이 학교교육을 이수해야 하기 때문에 학교의 사회적 역할은 매우 크다. 학교는 사회 각 부분의 기능적 역할 기반을 제공해 주기 때문이다. 구체적으로 학교교육의 기능을 정리하면 다음과 같다.

㉡ 학교는 아동에게 필요한 가치, 규범 등을 내면화시켜 사회의 각 분야에 원만하게 적응하도록 도와주는 '사회화 기능'을 한다.

㉢ 학교는 복잡하게 분화되는 사회의 안전을 위해 사회의 각 분야에 필요한 인재를 분류 선발하여 업적주의 사회의 기반을 공고히 하는 데 있다.

㉣ 학교는 현대 사회에서 필요한 지식, 기술, 가치규범을 함양하도록 한다.

㉤ 학교는 평등한 교육기회를 부여함으로써 계층이동의 사다리로 기능한다.

㉥ 학교지식은 사회구성원의 보편적 합의에 의한 것이다.

㉦ 학교는 개인의 재능과 노력에 따라 공정한 보상을 한다(능력주의 교육관).

『2018 K교육학』, 고려대학교 교육문제연구소, 박영story, 2018, 406쪽

먼저 ㉠은 공부할 개념과 관련된 배경지식이므로 가볍게 읽고만 넘어가도 되는 부분이다. 이해가 필요한 부분은 '학교교육의 기능' 즉, ㉡부터 ㉦까지의 문장이다. 그럼 여기서도 '암기까지 해야 할 부분'은 어딜까? 각 문장의 '핵심어'다.

핵심어를 찾을 때는 문장의 의미를 대표할 수 있는 단어를 찾는 것이 관건이다. 가령 ㉡ 문장을 보면 가치, 규범, 내면화, 적응과 같은 단어들을 볼 수 있는데 결국 따지고 보면 이 단어들은 '사회화'라는 핵심어로 대표할 수 있다. 이렇게 핵심어를 찾아 암기하면 분량이 확 줄어든다. 또한 인출할 때 핵심어만 일단 인출해 놓으면 논리적 추론으로 나머지 단어들을 끄집어내면 되므로 인출 효율이 높다는 장점도 있다.

[논리적 추론의 예]

학교교육의 기능으로는 '사회화'가 있어. 사회화란 학생이 사회의 일원으로 적응되는 과정이야. 사회에 적응하려면 그 사회의 규범, 가치 등을 내면화할 수 있어야 돼. 이 말들을 정리해 다시 인출해 보자.

"학교는 학생에게 필요한 사회의 가치, 규범을 내면화하는 사회화 기능을 한다."

설령 핵심어를 제외한 나머지 관련 단어들이 떠오르지 않아도 일단 핵심어를 써 놓았기 때문에 최소한의 안전성을 보장받을 수 있으며 생각이 나지 않더라도 기본 어휘력과 애드리브로 살을 붙이면 얼추 비슷하게 원래의 문장과 비슷한 의미로 복원시킬 수 있다.

한편, 위의 문장들도 다 외워야 하는 것은 아니다. 예를 들어, ㉡ 문장은 ㉣ 문장에 포함되는 내용이므로 ㉣ 문장을 중심으로 암기를 하면 되고, ㉢ 문장은 객관식 시험에서는 보기의 일부로 낼 수 있겠지만 현재의 서술형 문제에서 묻기에는 가치가 떨어지기 때문에 암기 대상에서 제외할 수 있다. 마지막으로 ㉤, ㉥ 문장은 연관성이 있기 때문에 하나로 통합하여 문장으로 만들면 여기서도 암기 분량을 줄일 수 있다. 기존 예제에서 암기할 부분을 핵심 키워드로 추리면 다음과 같이 줄일 수 있을 것이다.

[핵심 키워드로 요약]

㉡+㉣ 사회화(지식, 기술, 가치, 규범)
㉢ 선발 → 업적주의 사회 공고화
㉤+㉥ 공정한 보상으로 계층이동의 사다리 역할

⑷ 기출포인트 찾기

기출포인트를 찾으면 암기할 내용을 줄일 수 있다. 우선 아래의 줄글을 읽어 보자. 교육사회학에서 기능론적 관점의 대표 학자인 '파슨스'가 말한 학교의 선발과정에 대한 내용이다.

> 학교의 선발기능은 중등학교 시기에 가장 뚜렷하게 드러난다. 특히, 대학진학에 적합한 사람과 아닌 사람의 선별은 대학진학이 높은 사회적 지위를 획득할 수 있는 길이 되기 때문에 모든 사람의 관심이 되고, 그만큼 경쟁도 치열하다. 그러나 이러한 경쟁은 우수한 인재를 선별할 수 있는 계기가 된다. 학교가 이러한 사회적 선발기능을 수행하는 것은 사회와 학교가 성취지향 가치관을 학교가 받아들인 결과라고 파슨스는 설명한다.
>
> 『교육사회학』제5판, 김신일, 교육과학사, 2015, 69쪽 수정발췌

줄글이기 때문에 어떤 부분을 외워야 할지 도통 감을 잡기가 어렵다. 그럴 땐 더도 말고 덜도 말고 현재 공부하고 있는 내용과 관련된 기출문제부터 살피자. 기출문제를 보면서 개념의 어떤 세부 내용(기출포인트)을 문제로 만들었는지 확인하면 된다.

2015년도 상반기 교육학 시험에서 '기능론'과 관련된 지문과 조건

〈지문〉 먼저 교사로서 우리는 학교 교육의 기능을 이해해야 합니다. 지금까지 학교는 학생들이 사회 구성원으로서 올바로 성장할 수 있는 보편적 가치와 규범을 가르쳐왔습니다. 그러나 최근 사회는 학교 교육에 다양한 요구를 하게 되면서 학교가 세분화된 직업 집단의 교육 요구를 충족시켜 주기를 원하고 있고, 학교 교육의 선발·배치 기능에 다시 주목하고 있습니다. 그러므로 여러분은 학교 교육의 선발·배치 기능을 이해하는 한편, 이것이 어떤 한계를 갖는지도 생각해야 할 것입니다.

〈조건〉 기능론적 관점에서 학교 교육의 선발·배치 기능 및 한계 각각 2가지만 제시[4점]

기출포인트를 찾았는가? 포인트는 기능론적 관점에서 학교 교육의 선발·배치 '기능'과 '한계'다. 앞서 본 전공서 내용에서는 '한계'를 설명하고 있지 않지만 '기능'과 관련된 내용은 다음과 같이 뽑아낼 수 있다.

- 선발 과정에서의 경쟁은 우수한 인재를 선별할 계기가 된다.

처음엔 여섯 줄의 문장이었지만 기출포인트에 근거해 암기할 부분을 추리니 '한 문장'으로 줄일 수 있게 됐다. 이 한 줄의 문장에서도 '경쟁', '인재', '선별'을 핵심어를 정해 놓으면 암기 분량을 세 단어로 줄일 수 있게 된다. 이 정도면 암기 걱정 덜고 임용준비 제대로 해 볼 만하지 않겠는가?

3) 실전 암기 전략

기초 암기 전략을 바탕으로 다양한 실전 암기 전략들을 배워 보자.

(1) 선(先)인출 후(後)암기

밑 빠진 독에 물 붓기마냥 한 번 암기한 내용을 그대로 반복해서 외우는 습관은 이제 버려야 한다. 암기를 더 잘하고 싶고, 암기에 드는 시간을 줄이고 싶다면 '선(先)인출' 전략이 필요하다.

선인출이란 예전에 암기했던 내용을 아무것도 보지 않고 일단 무작정 적어 보는 것을 말한다. 가령 한 달 전에 A개념에 대해 4가지 항목을 외웠었다면 교재를 확인하지 않고 혼잣말이나 백지에 써 가며 인출해 보는 것이다. 물론 한 단어도 생각나지 않을 수 있다. 그래도 꾸역꾸역 써 보자. 전문용어가 아닌 일반적인 용어로 서술해도 괜찮다. 일단 쓰고 봐야 머릿속에 그 개념에 관해 남아 있는 게 무엇인지 확인할 수 있으니까.

타이어 하나 펑크 났다고 모든 타이어를 다 가는 사람은 없을 것이다. 평크 난 타이어만 교체하면 된다. 암기도 이와 같은 접근이 필요하다. 이미 예전에 암기한 내용이 있다면 선인출부터 해 보면서 어떤 내용을 망각했는지, 어떤 내용을 기억할 수 있는지부터 점검해 봐야 한다. 그래야 잘 외웠음에도 불안한 마음에 모든 내용을 다 외우느라 버리는 시간을 줄일 수 있다. 그리고 망각한 내용은 기억한 내용과 결합해 가며 기억을 강화시키면 된다. 예제를 통해 이 방법을 구체적으로 배워 보자.

기능론적 관점에서 본 학교교육의 기능

ⓐ 학교는 아동에게 필요한 지식, 기술, 가치, 규범 등을 내면화시켜 사회의 각 분야에 원만하게 적응하도록 도와주는 '사회화 기능'을 한다.
ⓑ 학교는 복잡하게 분화되는 사회의 안전을 위해 사회의 각 분야에 필요한 **인재를 분류 선발**하여 업적주의 사회의 기반을 공고히 하는 데 있다.
ⓒ 학교는 평등한 교육기회를 부여함으로써 **계층이동의 사다리**로 기능한다.
ⓓ 학교는 개인의 재능과 노력에 따라 **공정한 보상**을 한다.

『2018 K교육학』, 고려대학교 교육문제연구소, 박영story, 406쪽

위의 내용을 두 달 전에 공부했고 핵심 키워드(굵게 표시한 단어)는 암기도 해 봤다고 가정해 보자. 2회독에 접어들어 다시 위 내용을 접했다면 일단 시선을 딴 곳으로 돌려놓고 생각나는 대로 인출해 보면 된다. 제대로 인출하지 못해도 괜찮다. 표현이 서툴러도 괜찮다. 그게 당연한 거니까. 우리의 뇌는 이해를 하는 영역과 표현을 하는 영역이 다르기 때문에 처음에는 인출에 어색할 수밖에 없다. 하지만 쥐어짜내면 이 정도는 인출이 가능할 것이다.

- 학교는 학생들에게 교육을 시켜 줌

이 정도면 충분하다. 아직은 선인출 단계니까. 이렇게 선인출해서 끄집어낼 수 있는 지식들은 장기기억이 됐다는 증거고 언제 어디서든 자유롭게 또 인출이 가능하다는 것을 의미한다. 이 표현들을 더 세련되게 다듬거나 살을 붙여서 원본과 유사하게 만들면 된다. 가령 '학생들에게 교육을 시켜 줌'이라는 내용은 원본의 ㉠(학교는~ 사회화 기능을 한다)을 투박하게 표현한 것이다. '교육을 시켜 줌'이라는 말은 더 고급스러운 용어 즉, '사회화'로 바꿀 수 있기 때문에 다시 암기하며 인출할 때는 '사회화'를 쓸 수 있도록 의식한다. 또한 '사회화'라는 핵심 키워드만 달랑 쓰면 부족해 보이니 사회화에 속하는 단어들(지식, 가치, 규범)도 채워 가며 인출할 수 있도록 암기연습을 하면 된다.

[선인출한 내용을 다듬은 예]

- 학교는 사회에 필요한 지식, 기술, 가치 등을 가르치는 사회화 기능을 한다.

한편, 선인출로 끄집어 내지 못한 ㉡, ㉢, ㉣과 같은 문장은 어떻게 처리하면 될까? 선인출로 다듬은 내용을 나머지 문장과 논리적 사고로 연결해 주면 된다.

㉠ 학교는 학생들에게 지식, 기술, 가치 등을 가르치며 **사회화** 기능을 맡지.

(논리적 사고) "사회화 과정을 거쳐 그 후에는 어떻게 하지?"

㉡ 인재를 분류 **선발**하여 사회 각 분야로 보내지. 이는 **업적주의** 사회를 공고화하는 기능을 해.

중간에 논리적 사고를 넣으니 ㉠(사회화)과 ㉡(선발)을 연결할 수 있게 됐다. 마찬가지로 ㉡(선발)과 ㉢(계층이동)도 연결해 보자.

㉡ 학교는 인재를 분류 선발하여 사회 각 분야로 보내.

(논리적 사고) "우수한 인재는 좋은 대학 및 직장에 갈 확률이 높지. 그럼 더 잘 살게 될 것이고. 이 말을 한 단어로 표현하면?"

㉢ "계층이동이야. 공정한 교육기회를 바탕으로 학교는 계층이동의 사다리 역할을 해."

마지막으로 ㉣(공정한 보상) 문장은 여러분이 직접 논리적 사고로 다른 문장과 연결해 보기 바란다.

* ㉠(사회화)과 ㉣(공정한 보상)을 연결한다면 "학교는 지식, 규범, 가치, 기술 등을 가르쳐. 학생들은 배운 것을 평가받고 얼마나 재능이 있는지, 노

력을 했는지의 결과로 공정한 보상(장학금, 사회적 인정, 내신 성적, 수능 성적 등)을 받지."와 같은 논리적 사고로 연결할 수 있을 것이다. 아니면 ⓒ (계층이동의 사다리)과 ⓔ(공정한 보상)을 연결하여 "공정한 보상을 받아 좋은 지위를 얻으므로 계층이동의 사다리 역할을 하지."와 같은 문장으로 만들 수도 있을 것이다.

(2) 재배열하기

암기는 우직하게 하는 것이 아니다. 영리하게 해야 한다. 내 뇌가 편한 방식으로 외워야 기억도 오래 남는다. 서브노트 편에서도 다뤘지만 암기와 인출에서도 '재배열'전략은 유용하게 쓸 수 있다.

재배열은 암기할 문장들을 원래 책에 적힌 순서대로 외우는 것이 아니라 **내가 편한 방식으로 문장 순서를 조정하여 '이야기'를 만드는 방식을 말한**다. 재배열을 하려면 다음 세 가지가 필요하다.

① 핵심어 선정
② 통폐합하기
③ 이야기 만들기

우선 최소한으로 암기 분량을 줄이려면 핵심어를 선정해야 한다. 또한 중복되는 내용이 있거나 불필요한 내용도 있다면 통폐합하여 간단히 정리하면 된다. 예제로 연습해 보자.

ⓐ 학교는 아동에게 필요한 가치, 규범 등을 내면화시켜 사회의 각 분야에 원만하게 적응하도록 도와주는 '사회화 기능'을 한다.

ⓑ 학교는 복잡하게 분화되는 사회의 안전을 위해 사회의 각 분야에 필요한 인재를 분류 선발하여 업적주의 사회의 기반을 공고히 하는 데 있다.

ⓒ 학교는 현대 사회에서 필요한 지식, 기술, 가치규범을 함양하도록 한다.

ⓓ 학교는 평등한 교육기회를 부여함으로써 계층이동의 사다리로 기능한다.

ⓔ 학교지식은 사회구성원의 보편적 합의에 의한 것이다.

ⓕ 학교는 개인의 재능과 노력에 따라 공정한 보상을 한다(능력주의 교육관).

『K교육학』, 고려대학교 교육문제연구소, 박영story, 2018, 406쪽

필자는 위 원본에서 핵심어를 다음과 같이 골라 봤다.

ⓐ **사회화**

ⓑ **인재 분류, 선발**

ⓒ **지식, 기술, 가치규범**

ⓓ **계층이동**

ⓔ **보편적 합의에 의한 학교지식**

ⓕ **공정한 보상**

또한 중복되거나 시험 출제용으로 부적합한 내용은 다음과 같이 통폐합하여 더 간단히 정리해 봤다.

ⓐ+ⓒ **사회화(지식, 기술, 가치)**

ⓑ+ⓓ **인재 분류, 선발 → 계층이동**

ⓕ **공정한 보상**

핵심어 위주로 내용을 통폐합했다면 이제 '이야기'를 만들 차례다. 원래 문장 순서라면 ㉠+㉢ → ㉡+㉣ → ㉤ 순으로 외우는 것이 맞지만 순서를 조금만 바꾸면 다음과 같은 흐름으로 자연스러운 이야기를 만들 수 있다.

㉠+㉢	학교에서는 지식, 기술, 가치 등을 가르치며 **사회화를** 시켜.

↓

㉤	학생들은 가르침을 받으며 얼마나 재능이 있는가, 노력했는가를 성적으로 나타냄으로써 **공정한 보상을** 받아.

↓

㉡+㉣	보상을 높게 받은 **인재는** 좋은 고등교육기관이나 사회 직업군에 선발, 배치를 받을 가능성이 높아지지. 즉, **계층이동이** 실현되는 것이지.

처음부터 이렇게 모든 문장을 다 이야기로 엮어 만드는 게 쉽지는 않을 것이다. 그러니 처음에는 2개 문장만이라도 엮어 보다가 차츰 전략 사용이 익숙해지면 3개, 4개로 늘려가며 문장들을 엮으면 된다. 한편 이렇게 만든 이야기를 간단하게라도 책이나 서브노트 여백에 적어 놓으면 다음 회기 때 도움이 되는데, 가령 A개념에 대해 외워야 할 4가지 항목에서 2가지를 이야기로 만들었다면 다음 회기 때 그 2가지를 토대로 나머지 이야기만 추가적으로 엮으면 되므로 한결 수월해진다. 이렇게 점진적으로 이야기를 만들면 고민하느라 드는 시간도 절약하고 편한 마음을 갖고 암기를 누적시켜 나갈 수 있다.

(3) 이야기 두문자

혹시 암기 전략 중 두문자 기법을 알고 있는가? 명칭은 몰랐어도 조선 왕조 계보를 외울 때 '태종태세문단세~'처럼 앞 글자를 따서 외웠던 경험은 있을 것이다. 이 암기방식이 바로 두문자 전략이다.

두문자 전략은 임용고시를 준비할 때도 많이 쓴다. 하지만 이 두문자 전략에도 한계가 있다. 어떤 한계인지 아래의 예제를 통해 알아보자. 교육사회학 학자인 '드리븐'이 제시한 4가지 사회화 규범이다.

[드리븐(R.Dreeben)의 4가지 사회화 규범]

독립성 규범	성취성 규범
보편성 규범	특수성 규범

4가지 규범을 앞 글자를 따서 순서대로 따서 외우면 '독성보특'이라는 두문자를 만들 수 있는데, 이렇게 만든 두문자는 현실에 없는 말이고 생소한 단어이기 때문에 나중에 생각나지 않을 가능성이 높다. 기왕 교직에 들어왔으니 기존의 두문자 전략을 품격 있게 업그레이드해 보자.

업그레이드 방법은 간단하다. 앞 글자 순서만 요리조리 바꿔 말이 되게 만들어 보는 것이다. 이름 하여 '이야기 두문자!' 일반적인 두문자 전략은 교재에 서술된 순서대로 앞 글자를 땄지만 '이야기 두문자'는 앞 글자 순서를 말이 되게 바꾸는 것이 핵심이다. 앞에서 예제로 든 4가지 규범(독립성,

성취성, 보편성, 특수성)의 앞 글자 '독', '성', '보', '특'도 순서를 이리저리 바꾸면 재밌는 이야기로 만들 수 있다.

(김)'보성'(행님은) '독특'(해).

얼마나 친근하고 자연스러운가. 말이 되니까 기억에도 잘 남고 실제 인물로 이야기를 만드니 머릿속에 각인도 잘 된다. 이어서 다음 예제도 다뤄 보자. 17년도 중등 교육학 논술 시험에서 물었던 '조나센의 구성주의 학습환경 설계요소'다.

[Jonassen(1999)의 구성주의 학습환경 설계요소]

문제/프로젝트	관련사례	정보자원
인지적도구	대화/협력도구	사회적/맥락적 지원

6가지 항목이라 조금 많긴 하지만 앞 글자를 요리조리 옮기다 보면 이런 두문자도 만들 수 있다.

"대사 (읊으면) 관문 (통과) 인정!"

가상의 상황을 설정하고 그 안에서 벌어질 만한 일이나 사건, 대화를 두문자로 만들 수도 있다. 위의 이야기 두문자도 어떤 문지기가 통행자에게 미션을 부여하는 것을 가상의 상황으로 만들어 놓은 것이다. 이렇게 상황까지 설정하며 생생하게 이미지로 저장해 놓으면 기억에 더 오래 남는다.

　이야기 두문자를 만들 때 팁 2가지를 주자면 첫째, 우리의 뇌는 신선하고, 재밌고, 기괴하고, 외설적인 내용을 이야기 두문자로 만들 경우 기억에 더 각인되므로 체면이나 교양 생각할 것 없이 자유스럽게 만들어 보라는 것이다. 둘째, 앞 글자로 만들 단어가 생각나지 않으면 인터넷 검색을 하면 된다. 가령 '관'을 앞글자로 삼았는데 적절한 단어가 생각나지 않으면 '관으로 시작하는 말'이라고 검색창에 입력해 보면 된다. 그러면 '관심', '관광', '관리', '관대', '관객' 등 많은 단어들이 뜨는데 이중에서 적절한 단어를 선택하여 이야기 두문자로 쓰면 된다.

　그럼 마지막으로 사례 한 가지를 더 다뤄 보자. 교육심리학이나 교수학습 파트에서 자주 보는 'Keller의 동기유발 전략'이다.

[J. Keller의 동기유발 전략]

① 주의력	지각적 주의환기	② 관련성	친밀성
	탐구적 주의환기		목적 지향성
	다양성		필요와 동기와의 부합성
③ 자신감	학습의 필요조건 제시	④ 만족감	자연적 결과 강조
	성공의 기회 제시		긍정적 결과 강조
	개인적 조절감 증대		공정성 강조

　한눈에 봐도 이전에 다뤘던 개념보다 외울 항목이 더 많아졌음을 느낄 것이다. 이렇게 많은 내용도 이야기 두문자로 만들 수 있을까? 조금 더 시간이 걸리겠지만 충분히 가능하다. 이번 사례는 앞에 다뤘던 사례들과 달리 상위범주(주의력, 관련성, 자신감, 만족감) 안에 하위 내용들이 들어가 있다. 이런 경우는 어떻게 두문자를 만들면 될까?

① 주의집중 하니 다 탐지되네
② 관련 있는 사람끼리는 친목필(必)! (친목회가 필수다)
③ 자신감에는 개성이 학실히 필요하지
④ 만족해! 공대 자긍심!

보다시피 상위 범주의 앞 글자를 각 이야기 두문자의 첫머리로 삼고 하위 항목의 앞 글자로 이야기를 채우면 된다. ③번의 경우 맞춤법상 '확실히'가 맞으나 '학습의 필요조건'을 도출하기 위해 '학'으로 적어 이야기 두문자를 만들었다. 가능한 맞춤법을 지키는 것이 좋지만 간혹 적절한 단어가 생각나지 않으면 이렇게 발음이 비슷한 단어를 써서 두문자를 만들어도 괜찮다.

(4) 시각 이미지로 변환

지금까지는 언어 정보를 암기할 수 있는 전략을 다뤘다. 그렇다면 수나 수치 정보는 어떻게 외우면 좋을까? 언어 정보는 일말의 단서만 회상해 낼 수 있더라도 논리와 유추 과정을 통해 문제를 풀 수도 있지만, 수는 정확히 기억하지 못하면 그냥 틀리고 만다. 수는 언어보다 추상적이기 때문에 일반적으로 외우기도 더 까다롭다. 그렇다고 실망하지 말자. 방법은 있으니. 수를 언어나 이미지로 바꾸면 된다.

- 코드로 변환하기

수나 기호를 '나만의 코드'로 변환하여 생생한 '이미지'로 만들면 기억에
오래 남는다. 아래의 예제를 보자. '2015 중학교 교육과정 편성·운영 기준'
「교육부 고시 제2015-74호(별책1) 초·중등학교 교육과정 총론」에 대한 내
용이다.

> 학교는 학교의 특성, 학생·교사·학부모의 요구 및 필요에 따라 자율적으로 교과(군)
> 별 **20%** 범위 내에서 **시수를 증감**하여 편성·운영할 수 있다.

'교육과정 총론'을 공부해 본 사람이라면 알 것이다. 퍼센트, 수치, 수, 단
위 수, 시수 등 정확히 외워야 할 것들이 많다. 한두 개면 그냥 외우겠지만
개수가 많아지면 헷갈리기 때문에 분명히 구분하여 암기해야 한다. 자료
를 보면 교육과정 시수는 20% 범위 내에서 증감할 수 있다고 했는데, 한 주
만 지나도 20%였는지, 30%였는지 헷갈리게 된다. 하지만 필자는 20%라는
수치를 봤을 때 '녹차'를 떠올랐다. 갑자기 녹차가 왜 떠올랐을까? 숫자 20
을 한글코드로 변환시켰기 때문이다. 코드를 보자.

[수-자음 변환 코드]

수	1	2	3	4	5	6	7	8	9	0
자음	ㄱ	ㄴ	ㄷ	ㄹ	ㅁ	ㅂ	ㅅ	ㅇ	ㅈ	ㅊ

임의로 코드를 만들어 봤다. 각각의 수에 자음을 배치했다. 이 코드에 따
르면 숫자 '20'은 'ㄴㅊ'가 된다. 초성 'ㄴㅊ'으로 2음절의 단어로 만들면 '녹

차', '나초', '녹초', '누출', '니체', '내 차(My car)', '냉차' 등을 만들 수 있다. 이 중 마음에 드는 것을 선택하여 우리가 외우려고 했던 주제인 '교육과정 시수 증감'과 접목시키면 된다. 필자는 이 중에 '녹차'를 선택하였다. 그 이유는 **교육과정 시수 증감에 대한 회의를 할 때 선생님들이 '녹차'를 마시며 얘기하는 이미지**를 그리면 딱 어울릴 것 같아서다.

여기서 중요한 점은 숫자를 단어로 변환했다고 끝난 게 아니라 변환한 단어를 암기할 주제와 매치시켜줘야 한다는 점이다. 만약 초성 'ㄴ ㅊ'으로 '니체'나 '내 차'라는 단어로 변환한다면 암기 주제인 '교육과정 시수 증감'과 어울릴 만한 상황을 설정할 수 있을까? 어렵다. 물론 "교육과정 시수 증감 회의를 하다가 '내 차'가 갑자기 움직여 회의실을 덮쳤다."라는 이미지를 만들 수 있겠지만 이건 누가 봐도 무리수다. 그러니 초성으로 만든 단어 중에서도 주제와 적절한 단어를 선택하는 것이 포인트다.

한 가지 예제를 더 다뤄보자. 카페 회원인 보건 선생님께서 암기가 어렵다고 도움을 요청했던 내용이기도 하다.

[건강진단 시 일반화학검사 정상범주 기준]

	항 목	정상범주
일반 화학 검사	T. Calcium	9.0-11mg/dl
	Cholesterol	140-240mg/100ml
	T. Protein	6.0-8.0g/100ml
	ALP(Alkaline Phosphatase)	40-250U/L
	...	

지면상 생략하였지만 이런 항목들을 수치까지 20개 이상 외워야 한다. 벌써부터 머리가 아프다. 한두 개라면 그냥 외우겠지만 20개가 넘으면 포

기하고 싶을 것이다. 하지만 아직 포기하기엔 이르다. 수치를 코드로 변환시키면 희망이 보인다.

[예시 코드]

수	1	2	3	4	5	6	7	8	9	0	.	-
자음	ㄱ	ㄴ	ㄷ	ㄹ	ㅁ	ㅂ	ㅅ	ㅇ	ㅈ	ㅊ	ㅋ	ㅌ

이번 암기 내용은 소수점(.)과 하이픈(-)도 들어가므로 코드에 추가시켰다. 그럼 칼슘(T. Calcium)의 수치를 코드로 변환해 보자. 칼슘의 경우 암기할 수치는 '9.0-11'인데 이를 코드로 변환하면 'ㅈㅋㅊㅌㄱㄱ'이 된다. 필자는 이 초성으로 '조커, 총, 탁구공'이라는 말을 만들었다.

한편, 칼슘은 암기할 주제지만 추상적인 단어이므로 칼슘을 대표할 구체적인 이미지가 필요했다. 그때 떠오른 건 우유! '칼슘' 하면 떠오르는 대표 이미지는 '우유'이므로 '우유'와 '조커, 총, 탁구공'이라는 말을 어떻게 연결시킬까 고민하다가 다음과 같은 이미지를 만들었다(적절한 이미지를 구하기 힘들어 세 장으로 분할하였지만 여러분이 상상할 때는 조커가 총을 쥐고 우유병 위에 놓인 탁구공을 쏘는 장면을 한 장면으로 상상하면 된다).

〈'조커'가 '총'으로 '우유' 위에 놓인 '탁구공'을 쏘는 이미지〉

조커 사진 출처. Bing 무료이미지, 권총 사진 출처. 플리커 무료 이미지

이번엔 콜레스테롤 수치를 외워 보자. 수치는 140-240이다. 수치를 초성으로 바꾸면 'ㄱㄹㅊㅌㄴㄹㅊ'이 된다. 필자는 이 초성을 갖고 '<u>그림책 투(Two) 노란책</u>'이라는 말로 만들어봤다. 한편, 콜레스테롤에 대한 구체적인 이미지로는 혈관에 콜레스테롤이 쌓였을 법한 '<u>뚱뚱한 사람</u>'으로 설정해 봤다. 이 두 가지를 조합하면 다음과 같은 장면을 상상해 볼 수도 있다.

뚱뚱한 사람이 **그림책 Two(2)**권을 집어 들었는데 둘 다 **노란책**이었다.

괜찮은 장면을 만들어서 그 장면을 오래 기억하고 싶다면 가능한 그 장면을 생생히 상상해 봐야 한다. 정말 눈앞에서 본 것처럼 말이다. 앞에서 만든 장면도 평소 자주 가는 서점이나 도서관에서 노란 그림책 두 권을 집어든 뚱뚱한 사람을 생각해 봐야 한다. 그 사람이 입을 법한 옷이나 그림책의 표지, 도서관의 책 냄새 등 그 상황의 요소를 더 깊게 상상해 볼수록 암기할 내용이 기억에 오래 남는다.

또한 인간의 기억은 재미, 기쁨, 신기, 공포, 불쾌 등의 정서가 동반될수록 더 강렬해지므로 암기 이미지를 만들 때 평소라면 볼 수 없을 법한 장면을 도덕적, 관념적 제약에서 벗어나 자유롭게 만들어 볼 것을 추천한다.

* 초성에 맞는 적절한 단어가 떠오르지 않으면 'JUMP'사이트(www.jump.kr)의 도움을 받으면 된다. 이곳은 자음만 쳐도 그와 관련된 단어들을 쉽게 찾을 수 있다.

- 수미지(숫자 이미지) 전략

앞에서는 숫자를 코드표에 따라 단어로 바꿨지만 이번 방법은 숫자를 바로 이미지로 변환시키는 방법이다. 0부터 9까지의 숫자를 숫자 외형과 비슷한 이미지로 바꾸는 방법인데, 가령 숫자 1은 막대기, 2는 오리, 3은 갈매기, 4는 돛단배, 5는 휠체어, 6은 배 나온 사람, 7은 지팡이, 8은 안경, 9는 아이스크림, 0은 공으로 변환할 수 있다. 이렇게 변환한 숫자 이미지를 개념의 주제와 절묘하게 엮으면 수미지 전략 완성!

바로 예제에 적용해 보자.「교육부 고시 제2015-74호(별책1) 초·중등학교 교육과정 총론」의 고등학교 단위배당기준에 대한 내용이다. 수미지 전략을 사용해 굵게 표시한 내용을 어떻게 외울 수 있을까?

① 공통 과목은 2단위 범위 내에서 감하여 편성·운영할 수 있다. 단, 한국사는 6단위 이상 이수하되 2개 학기 이상 편성하도록 한다.

② 특수목적 고등학교와 자율형 사립 고등학교의 경우 예술 교과(군)는 5단위 이상, 생활·교양 영역은 12단위 이상 이수할 것을 권장한다.

①의 경우 '한국사 6단위 이상'을 기억하려면 우선 6을 숫자 이미지로 변환시키면 된다. 배 나온 아저씨도 좋고, 임산부도 좋고 엄지 척(따봉)도 좋다. 숫자 6의 형태와 비슷한 사물이나 사람을 마음껏 정하면 된다. 숫자를 이미지로 만들었으면 그 이미지를 이제 '한국사'와 엮어 주면 된다. 가령 이런 이미지를 만들 수도 있겠다.

'임신한 선생님께서 한국사를 가르치는 모습'

수미지(임신한 선생님)와 암기대상(한국사)을 엮어 통합 이미지를 만들어 놓으면 한국사가 몇 단위였는지 회상할 때 한국사를 가르치는 임신한 선생님을 떠올릴 수 있을 것이고 그 외형에서 숫자 6을 도출해 낼 수 있을 것이다.

②의 경우 생활·교양 영역은 12단위 이상 이수 권장인데 12처럼 한 자리 수가 아닌 경우 12를 1과 2로 나누어 각각의 이미지로 만든 후 그 둘을 엮으면 된다. 예를 들어, 1은 꼬챙이, 2는 오리로 각각 변환했다면 이 둘을 합쳐 '꼬챙이에 꽂힌 오리'로 묶으면 되는 것이다.

이렇게 만든 이미지를 주제(생활·교양)와 적절하게 연결하면 되는데, 교양 없는 원주민들이 생활을 영위하기 위해 사냥으로 잡은 오리를 꼬챙이에 꿰어 바비큐로 먹는 모습을 통합 이미지로 만들어 놓으면 된다(예를 만들기 위함이지 원주민을 폄하하거나 동물을 사랑하지 않는 게 아닙니다).

이번엔 난이도를 조금 더 높여 보겠다. 중등임용 보건과목에서 다루는 암기 내용 중 일부이다. 보건 선생님께서 외우기 어렵다고 암기 멘토링을 요청한 부분이기도 하다.

[학교 건물 안에서 공기의 질에 대한 유지·관리 기준]

오염물질 항목	기준	적용시설
낙하세균(CFU/실당)	10	모든 교실
미세먼지(μg/㎥)	100	
폼알데하이드	100	
오존(ppm)	0.06	교무실, 행정실
석면(개/cc)	0.01	석면 사용 학교
라돈(pCi/L)	4.0	지하교실
진드기(마리/㎡)	100	보건실

...

낙하세균부터 만들어 보자. 낙하세균은 기준 단위가 '10'인데 이를 암기하기 위해 아래 그림처럼 1은 깃발로, 0은 낙하지점으로 변환했으며, 하늘에서 낙하산을 타고 세균맨이 내려오는 모습을 통합 이미지로 만들어 봤다. 낙하지점 동심원에는 10(점)을 적었는데 그 이유는 나중에 수치가 0.1인지 10인지 헷갈리는 것을 막기 위해서다.

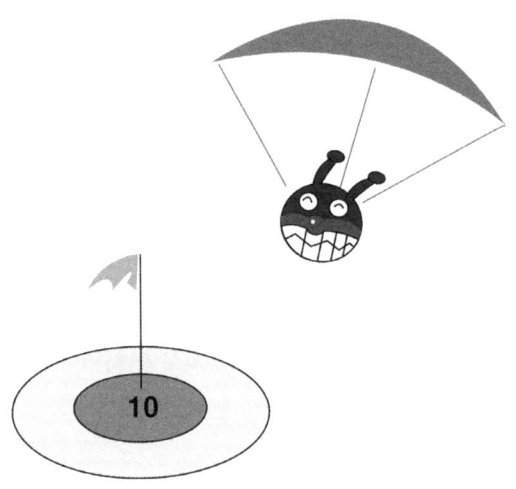

만약 1과 0을 각각 이미지로 만들기 귀찮다면 숫자 10을 통째로 비슷한 사물 이미지로 바꿔도 된다. 가령 10은 휠체어나 핸드트럭으로 이미지를 변환할 수 있을 것이다. 이 휠체어나 핸드트럭에 세균맨이 앉아 있는 모습까지 통합하여 이미지를 만들면 괜찮은 수미지 전략 하나가 또 완성된다.

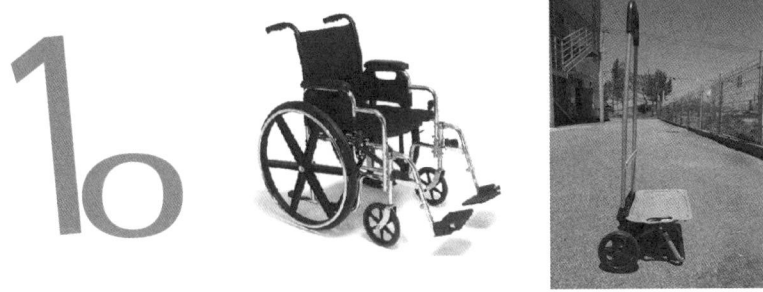

휠체어 사진 출처. Bing 무료 이미지 검색, https://www.appropedia.org/Wheelchair_Maintenance

다음은 '라돈'이다. 라돈은 발음이 비슷한 '라디오'로 이미지를 만들었고, 수치 4.0은 4로 간소화하여 돛단배로 만들어 봤다. 두 이미지를 통합하면 돛단배 위에서 여유롭게 라디오 듣는 장면을 만들 수도 있을 것이다.

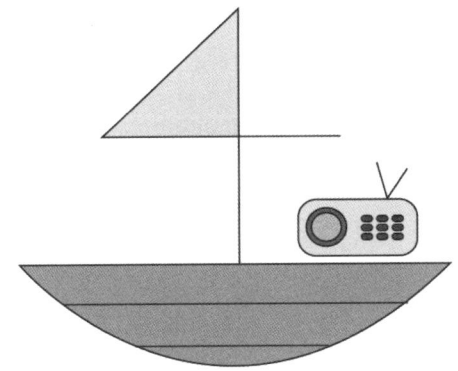

석면은 기준치가 0.01인데 0(영) 2개로 바퀴를, 1은 핸들로 만들어 자전거로 이미지를 만들어 보았다. 이 자전거가 석면으로 만든 지붕 위에 놓여 있어 놀라는 장면을 상상해 보자(나중에 100인지, 0.01인지 헷갈릴 것 같아 걱정할 수 있겠지만 상식적으로 석면의 기준치가 100이었을 때 얼마나

위험할지를 고려한다면 이 부분은 헷갈릴 사항은 아닐 것이다).

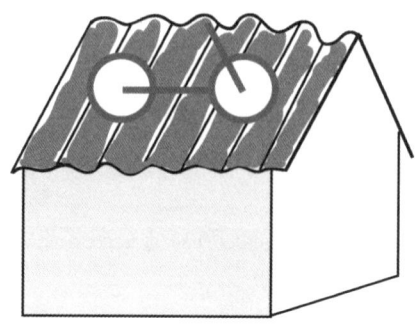

　오존은 기준치가 0.06인데 0(영) 2개로 풍선을 만들고, 6으로는 배불뚝이 아저씨를 만들어 풍선 2개를 잡고 오존층까지 하늘로 오르는 배불뚝이 아저씨를 상상해 보았다. 물론 물리적으로 터무니없는 말이겠지만 상상일 뿐이니 관념과 통념에 억압되지 말고 자유롭게 만들면 된다.

　마지막으로 진드기, 미세먼지, 폼알데하이드 수치를 암기하는 일만 남았다. 모두 기준 수치가 100인데 이 경우에는 각각 이미지로 만들기보다는 '이야기 두문자'를 활용하는 편이 낫다. 각각의 앞 글자를 따서 요리조리 생각해 보면 아래와 같은 두문자도 만들 수 있다.

　　　　(태권도 사범의 말) "진미는 폼이 100점이야"

　끝으로 암기법과 관련하여 수험생에게 당부하고 싶은 말이 있다.

　첫째, <u>몇 번 해 봤는데 잘 안 된다고 포기하지 말라는 것이다.</u> 한 번에 잘 되는 게 오히려 이상한 것이다. 책 보면서 눈으로 익혔다고 암기법이 저절로 자기 것이 됐을 거라는 생각 자체를 버려야 한다. 이는 마치 축구경기를 한 번 보고 축구선수처럼 축구를 잘 할 수 있을 거라는 기대를 갖는 것과 같다.

어릴 적 젓가락질을 처음 배울 때 젓가락질이 익숙지 않아 당장 손으로 집어먹는 게 낫겠다는 생각을 해 본 적이 있을 것이다. 하지만 결국 우리는 어떻게 했는가? 반찬과 밥을 흘려 가며 서툴게 젓가락질을 했어도 지금은 젓가락을 손마냥 자유자재로 사용할 수 있지 않은가? 암기법도 마찬가지다. 처음엔 내 옷이 아닌 것 같고 뭔가 불편한 감이 있겠지만 하나 둘씩 차근차근 적용해 보고 시행착오를 겪다 보면 의식하지 않아도 자연스럽게 사용할 수 있으니 쉽게 포기하지 말자.

둘째, 암기법을 매번 모든 내용에 다 적용할 필요는 없다. 때에 따라선 암기법 적용이 어려운 경우도 있다. 억지로 적용하려면 머리만 아프니 가능하겠다 싶은 것들만 우선적으로 다루고 안 되는 것들은 기존의 기계적 암기 방법으로 대체해도 된다.

셋째, 누가적 접근을 취하자. 재배열, 이야기 두문자, 수미지 기법 등을 적용할 때는 누가(累加)적 접근을 취해야 한다. 누가적 접근이란 일단 되는 대로 만들어 보되 아이디어 고갈로 미처 만들지 못한 항목은 다음 회기에 다시 추가적으로 덧붙이는 접근 방법을 말한다. 가령 교육사회학 1회독 때 '드리븐'의 사회화 규범 4가지(보편성, 성취성, 특수성, 독립성)를 이야기 두문자로 만들려고 하는데 '(김)보성'만 만들었지 나머지는 아이디어가 나지 않는다면 '보성'만이라도 여백에 적어 두고 넘어가면 된다. 지금 당장 완성하지 못했어도 2회독, 3회독 때 다시 접근해 보면 추가적인 아이디어가 생기기 마련이다. 처음부터 완벽하게 만들려면 시간도 많이 걸리고 스트레스도 받으니 누가적 접근을 취하는 것이 현명하다.

넷째, 암기가 능사는 아니다. 시험에 있어서 암기가 차지하는 비중을 무시할 수 없으나 암기만으로 시험을 준비하는 것에는 한계가 있다. 시험 문제는 단순히 기계적으로 암기한 것을 나열할 수 있는지만을 묻지 않는다. 다양한 상황과 조건에서 개념을 적용 및 응용하여 문제를 해결할 수 있는지를 더 묻는다. 이런 문제를 풀려면 개념에 대한 '전문성'이 있어야 한다.

전문성은 학원 강사가 정리해 준 요약집을 달달달 외운다고 생기는 게 아니다. 적어도 기출개념에 대해서는 여러 자료(전공서, 논문, 인터넷 자료, 기타 자료 등)를 접하며 중학교 학생들에게도 쉽게 설명할 수 있는지를 스스로 점검해야 한다. 그러니 적어도 1월부터 6월까지는 개념 이해 및 기출분석에 매진하길 바라며 본격적인 암기는 7월부터 들어가도 괜찮음을 강조하고 싶다(7월까지 암기를 완전히 놓으라는 건 아니다. 하루 1시간 정도를 투자하여 암기&인출 연습하는 것은 바람직하다. 오전, 오후, 저녁 이렇게 세 구간으로 나눠 20분씩 암기&인출 연습하는 것도 좋은 방법이다).

	1. 암기에 대한 오해	• 한 번 잘 외워 놓으면 머릿속에 그대로 남아있겠지?
		• 암기만 하면 인출은 자동으로 되겠지?
		• 에빙하우스 이론만 따르면 나도 암기 천재?
암 기	**2. 기본 암기 전략**	• 암기 개수 정하기
		– 무리하지 않는 범위 내에서
		• 스터디 활용하기
		• 암기할 곳 구분하기
		– 읽고 넘어갈 부분
		– 이해까지 할 부분
		– 암기까지 할 부분
		• 기출포인트 찾기
	3. 실전 암기 전략	• 선인출 후 암기
		– 일단 인출부터 해보고 빈틈을 메우자
		• 재배열하기
		– 핵심어 선정
		– 통폐합하기
		– 이야기 만들기
		• 이야기 두문자
		• 시각 이미지로 변환
		– 코드로 변환
		– 수미지 전략

I 함께 풀어 봐요, 너와 나의 연결 고민

> Q. 교육학 개념을 암기할 때 토씨 하나 안 틀리고 외우려 하니 몇 개밖에 안 다뤘는데도 2~3시간이 훌쩍 갑니다. 저처럼 토씨 하나 안 틀리고 외우려는 사람한테는 어떤 암기방법이 있는지 궁금합니다.
>
> – arum****님

A. 선생님의 글을 보니 중학교부터 대학교 2학년 1학기까지의 제 모습이 떠오르네요. 저도 선생님과 같았습니다. 시험 때만 되면 개념의 핵심 키워드를 따내지 못해 문장 전체를 토씨 하나 틀리지 않고 외우려고 했죠. 지금 생각해 보면 그렇게 했던 이유로는 첫째, 개념을 제대로 이해하지 못했던 점과 둘째, 핵심 키워드를 따지 못했던 데 있었던 것 같습니다. 사실 이 둘은 밀접한 관련이 있죠. 개념을 제대로 이해하면 핵심 키워드가 보이니까요. 말로만 설명하기 어려우니 예제를 준비했습니다. 교육심리학에서 자주 보는 피아제 이론의 '동화'라는 개념입니다. 이 개념의 사전적 정의는 다음과 같습니다.

새로운 경험을 기존에 가지고 있는 도식에 맞추어 보는 것

처음 교육학을 접하는 사람이라면 위의 정의만 갖고 개념을 이해하는

것은 상당히 힘들 겁니다. 이럴 땐 예시를 많이 봐야 합니다. 예시와 정의를 대조해 가며 정의를 구성하는 각 단어가 무슨 의미를 뜻하는지 파악해야 합니다. 아래의 예시를 보시죠.

날아다니는 모든 물체를 새라고 배운 아이는 날아다니는 비행기를 보면서도 새라고 부른다.

예시 내용과 개념의 정의를 대조해 봅시다. 그래야 정의를 구성하는 단어들이 무슨 의미인지 확실히 알 수 있습니다.

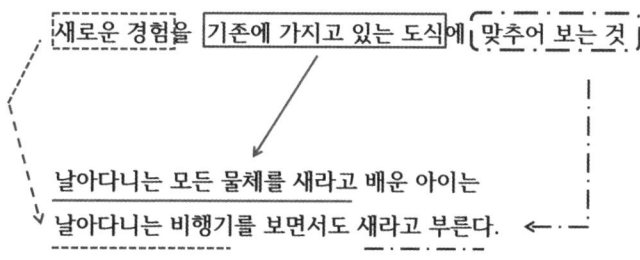

정의와 예제를 대조해 가며 개념을 이해했다면 이제 핵심 키워드를 딸 시간입니다. 위의 정의는 크게 세 덩어리로 이루어져 있는데 이 덩어리 내에서도 불필요한 조사나 단어를 삭제해 주면 됩니다. 가령 '새로운 경험'은 '새 경험'으로, '기존에 가지고 있는 도식'이라는 말은 '기존 도식'이라고 더 줄일 수 있겠죠. 줄인다고 해도 의미가 변하는 것은 아니니 괜찮습니다.
'맞추어 보는 것'이라는 말은 핵심 키워드로 삼아도 되고, 삼지 않아도

괜찮습니다. '새 경험'과 '기존 도식'만 인출해 내더라도 그 두 키워드 간의 관계를 논리적으로 유추하면 '새 경험을 기존 도식에 맞추는 것', '새 경험을 기존 도식에 포섭시키는 것', '새 경험을 기존 도식으로 받아들이는 것'처럼 말을 얼마든지 만들어 낼 수 있으니까요. 최소한의 핵심 키워드만 설정해 놓고 나머지 단어는 인출할 때 즉흥적으로 본인의 기본 어휘를 사용해 표현해 보세요. 이렇게 연습해야 암기와 인출 효율이 높아집니다.

Q. 그냥 암기했을 때보다 이 책에서 배운 '재배열', '이야기 두문자', '시각 이미지' 기법을 활용하면 더 오래 암기를 할 수 있으나 결국 이마저도 시간이 지나면 잊혀집니다. 더 오래 기억할 수 있는 방법은 없을까요?

A. 다이어트를 했어도 조금만 신경 쓰지 않으면 도로 살이 불어나죠. 암기법으로 만들어 놓은 것들도 주기적으로 관리하지 않으면 망각이 일어납니다. 더 오래 기억하고 싶다면 1~2주에 한 번만이라도 암기한 내용들을 다시 살펴보세요. 어떤 개념을 이야기 두문자로 만들었다면 그 두문자 내용을 책 여백이나 서브노트에 작게 적어 놓고 공부하기 싫을 때나 주말에 몰아서 한 번씩만 봐 줘도 다시 2주에서 길게는 한 달간 기억이 유지됩니다.

Q. 이야기 두문자 자체는 생각이 나는데 그 두문자를 구성하는 항목의 전체 명칭이 생각나지 않아요. 이럴 땐 어떻게 하죠?

A. 독립성, 성취성, 보편성, 특수성을 '보성 독특'이라는 이야기 두문자로 만들었어도 나중에 '독'을 보고 '독'이 무엇의 앞 글자였는지 기억나지 않는다는 거죠? 이건 저도 뾰족한 방법이 없습니다. 용어에 익숙해질 수 있도록 개념 명칭을 자주 말하는 수밖에 없어요. 처음 만난 친구도 이름을 자꾸 부르다 보면 외워지듯이 개념의 명칭도 계속 사용하다 보면 자연스럽게 외워집니다.

현재 기본 인강을 듣고 있습니다. 선생님 말씀대로 기출개념 위주로 하루 몇 가지 정도만 외우고 각 단원(영역)이 끝나면 전체 구조를 백지인출을 하고 있습니다. 전 과목 중 반절 정도를 마쳤는데 점점 진도가 나가면서 전에 본 과목에 대한 기억이 희미해지고 많이 까먹게 됩니다. 망각된 부분을 공부하기 전에 다시 봐야 할지, 아니면 전 과목을 모두 마친 후 다음 회기에 들어설 때 다시 세세하게 봐야 할지 고민입니다.

- jeon****님

A. 암기한 것을 영원히 붙잡을 수는 없죠. 시간이 갈수록 점점 잊어버리는 게 당연한 겁니다. 그 잊어버린 것을 붙잡느라 현재 진도에 방해를 줘서는 안 됩니다. 그래서 저는 전 과목을 모두 마친 후 다음 회기에 들어

설 때 '선인출-후암기'전략을 사용할 것을 권합니다. 잊어버렸어도 그나마 머릿속에 남아 있는 내용이 무엇인지 선인출로 확인하고 나머지 잊어버린 내용들을 후암기로 엮는 것이죠. 이에 대해서는 이번 편을 다시 한 번 자세히 읽어 보시고요.

암기한 것들을 잊어버렸다고 너무 걱정하지 마세요. 회독 수를 늘릴수록 전 과목을 공부 또는 암기하는 데 드는 시간은 점점 줄어드니 시험 막바지에 가면 그 많던 내용들을 머릿속에 다 집어넣을 수 있게 됩니다. 처음엔 전 과목을 돌리는 데 두 달이 걸렸어도 회독 수를 늘릴수록 한 달, 3주, 2주, 1주, 3일, 2일, 1일처럼 줄어든다는 것이죠. 이 점을 참고하여 흔들리지 말고 꾸준히 정진해 나가길 바랍니다.

인출

99번 시도하고 실패했으나
100번째에 성공이 찾아왔다.

- 아인슈타인 -

인 출	1. 인출은 왜 어렵게만 느껴지는 걸까?	• 주입식 공부 환경
		• 벼락치기식 공부 습관
		• 암기식 공부 태도

2. 기본 인출 전략	• 인출 오해 조심하기
	• 인출 연습 시간 확보
	• 인출은 언제, 어디서든 가능하다
	• 좁게 – 넓게 – 좁게

3. 실전 인출 전략

• 인출 시스템 구축
  - 당일 틈틈이
  - 고정 시간에
  - 다음 날 아침
  - 주말에

• 문제 활용하기
  - 직접 문제 만들기
  - 기출문제로 인출 연습
  - 강사 문제 활용

• 백지쓰기
  - 입문 → 가벼운 마음으로 일기 쓰듯이
  - 중급 → 선인출
  - 고급 → 인출 리스트

• 마인드맵
  - 제작 이유
  - 제작 방법
  - 활용 방법

1) 인출은 왜 어렵게만 느껴질까?

인출이 부담스러운 건 다 그만한 이유가 있다. 첫째, 그동안 우리가 받아 왔던 주입식 교육환경 때문이다. 요즘에야 교수·학습 방법과 평가가 선진화되어서 수행평가나 과정중심평가가 큰 비중을 차지하고 있지만 현재 20대 중반의 수험생들은 그렇지 않을 것이다. 그들에겐 객관식 형태의 '지필평가'가 주를 이뤘고 시험 특성상 평소 선생님이 강조하는 내용만 달달 외우면 시험에서 높은 성적을 거둘 수 있었기에 인출보다는 암기에 더 포커스를 맞춰 왔다. 즉, 인출을 장려하는 환경이 아니었고 인출을 해 볼 기회도 적었던 것이다.

인출이 자연스러우려면 평소 보고 듣고 읽고 생각한 것을 자유롭게 표현해 볼 수 있는 기회가 뒷받침되어야 한다. 하지만 우리의 초·중·고 시절을 생각해 보자. 매 수업 시간마다 선생님의 말과 교재 내용을 받아들이기도 벅차 정녕 개념을 정확히 이해했는지 확인해 볼 겨를조차 없지 않았는가. 개념을 습득했으면 인출해 보며 적용·응용 연습할 시간도 췄어야 했는데 학교에서는 그런 여유를 주지 않았다. 방과 후 개인 차원으로만 맡겼다.

둘째, 벼락치기에 맛들인 우리의 공부습관 때문이다. 교육환경 탓도 있지만 우리의 평소 공부습관에도 사실 문제가 있다. 우리는 시험을 준비할 때 보통 '벼락치기'로 준비한다. 시험 전날 개념을 이해했든 이해하지 못했든 일단 미친 듯이 외워서 시험장에 들어간다. 그렇게 외우면 시험을 보고 있을 때까지는 개념을 머릿속에 담아 둘 순 있다. 하지만 치명적인 단점도 있다는 것을 안다. 시험이 끝남과 동시에 머릿속 지식은 썰물처럼 빠져나간다는 사실을.

이런 공부습관은 '단기기억' 능력만 강화할 뿐 개념을 '장기기억'으로 전이시키는 데 도움을 주지 못한다. 개념을 장기기억으로 넘기려면 평소 꾸준히 이해 중심으로 공부하는 습관이 뒷받침되어야 하는데 그러지 않고 한 번에 휘몰아쳐 넣어 버리니 개념이 인지구조에 정착되지 못하고 사라져 버리는 것이다. 머리에 남은 게 없으니 당연히 인출이 어려울 수밖에 없다.

셋째, 무작정 외우고 보는 '암기식' 공부에만 목을 맸기 때문이다. 인출을 잘 하려면 개념을 이해한 상태로 암기를 해 놓아야 한다. 개념을 이해하지 않고 그냥 암기해 버리면 며칠 정도는 기억이 유지되지만 그 이상 시간이 흐르면 다시 머릿속에서 꺼내기가 상당히 어려워진다. 반면에 개념을 충분히 이해한 상태로 암기를 하면 설령 처음에는 기억이 잘 안 날지라도 개념을 이해했던 흔적들을 긁어모아 30~50%는 인출해 낼 수 있게 된다. 왜 이런 차이가 나는 걸까?

그 이유는 우리의 뇌가 학습한 정보를 단일 저장소에 담아 두는 것이 아니라 여러 정보의 방, 즉 시냅스 이곳저곳에 분산시켜 저장을 하기 때문이다. 개념을 이해하지 못하고 핵심 키워드만 따서 암기하면 그 몇 개의 키워드가 1,000조 개가 넘는 시냅스 중 어느 몇 곳에 저장되기 때문에 나중에 인출할 때 찾기가 힘들어진다.

반면에 이해를 바탕으로 암기하면 기존의 시냅스에 저장되어 있던 정보 (장기기억이라 불러도 좋고 인지적 도식이라 불러도 좋고 세계관이라 불러도 좋다)와 개념을 대표하는 키워드가 밀접하게 연결된 상태로 저장이 된다. 이러면 인출 가능성이 높아지는데, 처음에는 핵심 키워드가 잘 생각나지 않더라도 그와 관련된 정보들을 떠올리다 보면 시냅스 간 연쇄 작용이 일어나 핵심 키워드를 담고 있는 시냅스까지 자극이 가게 되어 결국 원했던 정보를 하나둘씩 떠올릴 수 있기 때문이다. 이러한 기억&인출 메커니즘을 알지 못하고 무작정 암기만 했으니 인출이 어려울 수밖에 없었던 것이다.

지금까지 인출이 어려운 이유에 대해 알아봤다. 그럼 우리는 어떻게 공부해야 오랜 시간이 흘러도 인출을 비교적 수월하게 할 수 있을까? 우선 개념을 정확히 이해해야 한다. 더 구체적으로 말하면 개념을 구성하는 핵심 키워드의 '의미'를 분명하게 파악할 수 있어야 한다. 의미를 분명히 파악할수록 기억에 강하게 남기 때문이다. 또한 공부를 하는 중간중간 방금 전 공부한 개념을 키워드를 이용해 말이나 글로 인출해 보는 습관을 가져야 한다.

예제를 준비했다. 교육심리학의 피아제 이론 중 '동화'에 대한 정의와 예다.

[동화의 정의와 예]

정의	새로운 경험을 기존에 가지고 있는 도식에 맞추어 보는 것
예시	날아다니는 모든 물체를 새라고 배운 아이는 까마귀를 보고 새라고 부르지만, 날아다니는 비행기를 보면서도 새라고 부른다.

정의에 대한 핵심 키워드는 '새로운 경험', '기존 도식', '맞추어 봄' 정도다. 이 키워드를 의미 파악 없이 그냥 외우면 당장은 기억하겠지만 시간이 조금만 지나도 잊어버리기 쉽다. 하지만 정의와 예를 아래와 같이 대조해 가며 핵심 키워드를 의미를 분명히 파악해 놓으면 나중에는 예시만 떠올려도 키워드를 유추할 수 있기 때문에 인출이 훨씬 쉬워진다.

[키워드와 예시 대조]

- 기존 도식 = 날아다니는 모든 물체는 새
- 새로운 경험 = 까마귀, 비행기
- 맞추어 봄 = 새라고 부름

인출이 어려웠던 건 다 이유가 있어서였다. 주입식 공부와 객관식 시험 위주의 공부 환경에서는 '암기'만 잘하면 됐었다. 하지만 현재의 임용시험에서는 모든 문제가 서답형(기입, 서술, 논술)이기 때문에 평소 '인출'에 적합한 공부 습관을 갖출 것을 무언(無言)으로 요구하고 있다.

기존의 공부 습관을 바꾸는 것이 수험생으로서는 어색하겠지만 필자는 시험 제도가 올바른 방향으로 발전되어 가고 있다고 생각한다. 우리나라 교육과정에도 명시하고 있는 '창의·융합형 인재'를 육성하려면 육성의 실질적 주체인 교사도 벼락치기식 공부습관에서 탈피하여 새로운 공부 방법으로 공부해야 한다. 새로운 공부 방법이란 철저한 이해를 바탕으로 공부한 것을 자유롭게 표현해 보는 인출식 공부다. 우리의 학생들이 남들과는 다른 자신만의 정체성과 창의성을 바탕으로 미래 가치를 만들어 나갈 수 있으려면 우리부터 기존의 주입식, 기계식 암기 습관에서 벗어나 인출식 공부 방법을 내면화하여 그들을 선도해야 할 것이다.

2) 기본 인출 전략

(1) 인출에 대한 오해를 조심할 것

인출에 있어 완벽함을 추구하는 것은 바람직하다. 하지만 처음부터 완벽을 바랄 순 없다. 누구도 처음부터 잘 하지는 못한다. 외우고 까먹고 외우고 까먹는 과정이 반복되어야 점점 암기량이 늘어나는 것이고 인출이 자연스럽게 되는 것이다. 처음부터 잘하고 싶은 마음은 이해하지만 의욕이 넘쳐 인출에 대한 오해를 낳는다면 그 또한 크나큰 스트레스가 아닐 수 없다.

오해 1. 하루 공부한 것들을 모두 인출해 봐야 한다?

아니다. 처음부터 이렇게 인출할 수는 없다. 공부하는 것만으로도 벅찬데 언제 다 암기하고 언제 다 인출을 할 수 있을까? 물론 시험을 하루 이틀 앞둔 상태고 그동안 과목별로 기출개념을 무수히 암기·인출해 본 상태라면 이게 가능하지만 처음 1~2회독 시점에서는 불가능한 얘기다. 이 시기에는 강의 또는 독학으로 개념을 이해하고 각 과목마다 구조를 잡는 것만으로도 큰 성공이다.

그렇다고 인출 연습을 하지 말라는 것은 아니다. 1~2회독 시기여도 조금씩 암기하고 인출하는 습관을 들여 놓으면 본격적으로 암기를 시작하는 시기인 7~8월에 편하다. 따라서 1~2회독 시기에는 하루 공부한 개념들 중에서 몇 가지를 선정해 암기하고 인출하는 시간을 최소 20분에서 1시간 정도 가지면 된다. 하루에 3개씩만 주 5일 암기해도 한 달이면 대략 60개의 개념을 외울 수 있고 세 달, 네 달 쌓이면 무시 못 할 암기량이 된다.

오해 2. 수험서에 있는 내용을 모두 암기·인출해야 한다?

아니다. 학원 수험서나 전공서에 있는 내용에서도 '기출개념' 위주로 외우면 된다. 기출개념도 그 개념의 모든 내용을 외워야 하는 것이 아니라 시험에 직접적으로 출제된 '기출포인트'를 파악하면 암기 분량을 반 이상 줄일 수 있다.

간혹 "이건 남들이 잘 모르는 부분이겠지? 나만 맞춰야지!" 싶어서 기출문제와 관련이 없는 개념까지 공부하며 외우는 사람이 있는데, 내 앞에 있다면 당장 뜯어 말릴 것이다. 임용시험은 기출개념만 해도 방대하므로 그 개념만 제대로 공부하고 암기·인출 연습하면 1차 커트라인을 가볍게 넘길 수 있다. 괜히 지엽적이고 시험에 무관한 개념을 공부하고 암기하느라 시간을 소모하면 제일 중요한 기출개념도 손에 쥐지 못하고 시험장에 들어간다. 그러니 공부를 하든, 암기를 하든, 인출 연습을 하든 기출분석에 근거하여 '기출포인트'를 분명히 파악한 후 진행해야 한다.

한 가지 더! 수험서나 전공서를 보며 기출개념을 공부할 때 가볍게 '읽고'

지나갈 내용, '이해'가 필요한 내용, 꼭 '암기'까지 할 내용을 구분하도록 하자. 괜히 읽고 지나가거나 이해만 해도 되는 부분까지 암기할 필요는 없다. 해당 개념을 공부할 때는 기출문제들을 먼저 보면서 어떤 부분을 분명히 '암기'해야 하는지 분명히 캐치해야 한다. 그래야 암기 시간과 부담을 줄일 수 있다.

오해 3. 개념을 암기했으면 완벽하게 인출할 수 있어야 한다?

이를테면 개념A의 특징 5가지를 암기했을 때 1분 후에든, 1시간 후에든, 1달 후에든 5가지 모두를 완벽하게 인출할 수 있어야 한다는 오해인데 이것도 명백한 오해다. 합격생들도 시험 막바지까지 암기·인출 때문에 울고 웃는다. 분명 그 당시에는 암기를 정확히 했어도 시간이 지나면 잊어버리고 놓치는 부분들이 발생한다. 어쩔 수 없다. 인간이라 그렇다.

인간의 기억 능력은 다른 동물에 비해 뛰어난 편에 속하지만 정확성 측면에서만 따져 보면 USB만도 못하다. 우리의 뇌는 기억을 재구성하고 왜곡하는 성질이 있기 때문에 내용을 있는 그대로 외우는 데 상당한 시간이 걸리는 존재다. 따라서 한 번 암기했고, 두 번 암기했고, 세 번 암기했어도 인출이 마음껏 되지 않는다고 슬퍼하지 말자. 누구나 다 그런 거니까.

합격생들도 처음엔 암기나 인출 모두 형편이 없었다. 그들이 합격한 이유는 뛰어난 머리 때문이 아니라 정확한 개념 이해를 바탕으로 암기와 인출 연습을 꾸준히 한 결과다. 일반적인 수험생들과 마찬가지로 그들도 암기를 해도 까먹고 또 까먹었지만 어떻게 하면 더 잘 외우고 오래 간직할 수 있을지 연구하며 자신만의 암기&인출 전략을 구축해 나갔기에 합격을 거

머출 수 있었다. 지금은 두렵고 막막하겠지만 이 책의 '이해', '암기', '인출' 편을 잘 정독하여 자신만의 공부 습관을 갖추면 당신도 분명 합격할 수 있다. 그러니 쫄지 말자. 하면 된다.

(2) 인출 연습 시간 확보하기

인출 연습을 위한 고정시간을 확보해야 한다. "공부 다 끝내고 집 가기 전에 시간 남으면 인출 연습 좀 해 볼까?"라는 막연한 생각은 막연한 결과로 끝날 가능성이 높다. 그러니 인출 연습을 위한 고정된 시간을 확보해 보자. 이를테면 기상 후 20분, 오후 4시에 인출 30분, 저녁 9시에 30분 이런 식으로 말이다.

인출 연습 시간은 평소 하루 공부 리듬을 봤을 때 집중이 잘 안 되는 시간대로 잡는 것이 좋다. 집중이 잘 되는 시간대에는 어려운 과목의 개념을 '이해'하는 데 초점을 두고 집중이 풀리는 시간대에는 공부한 개념을 갖고 문제로 만들거나 인출을 해 보면서 점검하는 시간으로 삼아야 시간을 효율적으로 쓸 수 있다.

필자의 경우 보통 오전에는 집중이 잘 됐지만 점심 먹고 1~2시 사이, 4~5시 사이, 그리고 저녁 먹은 직후나 9~10시 사이에 공부가 잘 안 됐다. 계속 책만 보니 신물이 날 정도였고, 집중력도 저하됐었기에 그런 시간대에는 30분~1시간 정도 시간을 투자해 문제를 만들거나 암기 또는 인출 연습을 했었다. 집중력이 낮아 잡생각만 나고 눈에 들어오지도 않는 책을 붙잡고 있을 바에는 그동안 입력한 것들을 인풋해 보며 개념을 공고화하는 게 낫다.

인출 연습은 누군가 감독하지 않으면 스스로 꾸준히 이어가기 힘들 수 있으므로 스터디를 꾸려 안정적으로 진행할 것을 추천한다. 혼자서 공부를 하다 보면 진도 빼는 것에만 주력한 나머지 인출 연습이 중요한 줄 알면서도 정작 실행은 하지 않게 되는 경우가 더러 발생한다. 이럴 때는 온·오프라인 스터디를 구해 꾸준히 인출 연습하는 습관을 갖추는 것이 좋다. 그렇다고 꼭 스터디를 구해 인출 연습을 하라는 것은 아니다. 스터디가 맞지 않을 수도 있고, 본인은 장독립적인 공부 스타일이라 혼자서도 충분히, 꾸준하게 인출 연습을 할 수 있다면 혼자서 해도 무방하다.

(3) 인출 연습은 언제, 어디서나 가능하다

인출 연습은 꼭 책상에 앉아서 백지에 쓰는 것만을 말하는 게 아니다. 걸어가면서, 밥 먹으면서, 벤치에 앉아 쉬면서, 운동하면서, 샤워하면서 속으로 되뇌어 보거나 말로 내뱉어 보는 것도 인출 연습이다. 고로 우리는 앞으로 인출 연습에 있어 아래 두 단어를 꼭 기억해야 한다.

언제, 어디서나

인출 연습은 언제, 어디서나 가능하다. 어떻게 가능한 걸까?

첫째, 쉬는 시간에도 가능하다. 쉬는 시간에 스마트폰으로 유튜브, 웹툰, 기사, 이슈, SNS를 볼 시간에 단 5분만이라도 방금 전 공부했던 내용들을 떠올려 보자. 그게 인출 연습의 시초다. 더도 말고 덜도 말고 딱 5분! 이 5분 동안 방금 전 공부했던 단원의 구조만이라도 떠올려 보자. 아니면 특정 개념 1~2가지를 선정해서 그 개념의 정의나 원리, 특징, 장·단점 등을 구체적으로 떠올려 봐도 된다.

필자의 경우 어려운 과목에서는 집중력이 금방 동나서 30~40분 공부하고 5~10분 휴식을 취했고, 재밌는 과목은 1~2시간 공부하고 15~20분 휴식을 가졌었다. 휴식 시간의 반은 공부하면서 정보로 꽉 찬 머리를 비우기 위해 물을 마시며 걷거나 벤치에 앉아 멍을 때리거나 도서관 주위를 거닐며 주변 환경을 감상하는 데 썼다.

그럼 나머지 절반의 시간에는 무엇을 했을까? 예상할 수 있듯이 방금 전 공부했던 내용들을 떠올려 보는 데 썼다. 특정 개념 자체를 인출하는 경우도 있었지만 공부했던 단원이나 주제의 전체적인 구조를 떠올려 보기도 하고 방금 공부했던 개념이 왜 필요한지, 언제·어디서·어떻게 활용할 수 있을지, 다른 개념과 어떻게 연결될 수 있을지 등을 생각해 봤는데 이렇게 틈틈이 시행했던 인출 연습이 암기와 사고력 증진에 큰 자양분이 됐었다.

쉬는 시간에 핸드폰을 만지다 보면 가뜩이나 공부로 꽉 찬 머리를 내 인생에 별 도움도 안 되는 영양가 없는 정보로 들이밀면서 혹사시키는 것 같아 핸드폰은 일체 만지지 않았고 3월 한 달은 일시정지를 시키기도 했었다. 물론 주변 사람들이 너무 불편해서 다시 살렸지만 도서관이나 독서실에 갈 때는 핸드폰을 집에 두고 가거나 사물함에 넣어 놓고 식사 시간에만 꺼내서 꼭 필요한 연락만 주고받았다.

둘째, 밥 먹을 때도 가능하다. 점심 식사를 하고 있다면 오전에 공부한 내용을, 저녁 시간이라면 오후에 공부했던 내용을 떠올려 보자. 각 영역별로 공부했던 전반적인 구조나 틀을 떠올려 봐도 좋고, 개념 몇 가지를 선정하여 떠올려 봐도 좋다. 아니면 매일 틈틈이 외워야 할 암기내용이 있다면 그 내용을 부분적으로 외우고 즉각 인출해 봐도 된다.

어떤 사람들은 이 글을 보고 "굳이 밥 먹을 때도 이렇게 해야 돼?"라고 말하며 불만 섞인 목소리를 내는 사람도 있겠지만 어디까지나 본인이 자유롭게 선택할 사항이지 강요하는 것은 아니다. 1~2점 차이로 떨어졌던 쓰라린 아픔을 가진 사람은 이렇게 밥 먹는 시간도 활용해 가며 암기·인출을 하면 되는 것이고, 커트라인에서 최소 10점 이상 높게 점수를 받고 싶은 사람도 이렇게 자투리 시간을 활용해 암기 및 인출 연습을 하면 되는 것이다.

셋째, 운동을 할 때도 가능하다. 임용수험생에게 운동이 웬 말이냐 싶겠지만 스트레스 해소, 자세 교정, 체력관리 목적으로 1시간 내외 운동을 한다면 그 정도는 괜찮다. 사실 운동은 학습에 긍정적인 영향을 미치는 중요한 촉매제가 될 수 있다. 일정 강도 이상으로 운동을 하게 되면 우리의 뇌 속에서 '신경세포 성장인자'가 증가하게 되는데 이는 뉴런(신경세포)의 기능을 강화하고 성장을 촉진함으로써 학습속도를 빠르게 해 주고 정보를 장기기억화하는 데 도움을 준다. 따라서 저하된 집중력으로 아무것도 하고 싶지 않은 시간대가 있다면 무기력하게 허수아비마냥 책상만 지키고 있을 것이 아니라 줄넘기를 하거나 운동장이라도 뛰며 건강과 집중을 끌어올려 보자.

운동의 효과를 얘기하다 보니 잠깐 주제에서 벗어났지만 다시 본론으로 돌아오면 인출은 운동을 할 때도 가능하다. 가령 운동장이나 러닝머신에서 달리기를 한다면 처음 10분 정도는 가볍게 걸으며 몸을 풀 것이다. 이때는 숨이 차지도 않고 힘들지도 않으므로 걸으면서도 충분히 인출이 가능하다. 공부했던 내용의 전체 구조나 특정 개념을 인출해 봐도 좋고, 오늘 하루, 이번 주, 이번 달 공부 계획과 전략이 효과적·효율적이었는지 점검해 봐도 좋다. 이렇게 10분 정도 가볍게 걸으며 인출 연습 및 성찰의 시간으로 삼고 나머지 15~20분 정도를 빠르게 뛰어도 운동 효과는 충분히 뽑아낼 수 있다.

마지막으로 인출 연습은 자투리 시간에도 가능하다. 자투리 시간은 이동 시간, 화장실 이용시간, 샤워 시간 등을 말한다. 짧게는 5분에서 많게는 1시간 이상 발생하는 이 자투리 시간에도 인출 연습은 가능하다. 어떤 합격생은 샤워기 옆에다 코팅해 놓은 암기자료를 붙여 두고 샤워할 때마다 틈틈이 외워 인출해 봤다고 한다.

공부 장소나 스터디 장소로 이동하는 대중교통 안에서도 인출은 가능하다. 미리 만들어 둔 요약자료가 있다면 멀미나니까 오래는 못 보더라도 슬쩍슬쩍 보면서 암기도 하고 인출도 즉각 해 볼 수 있다. 해 봤자 얼마나 하겠나 싶겠지만 그 티끌과도 같은 암기와 인출 연습이 쌓여 합격생과 불합격생을 가르는 것이다. 언제 어디서든 머릿속으로 교육학과 전공개념을 떠올려 보는 사람이야말로 합격할 자격을 갖춘 사람이라 할 수 있다.

(4) 좁게-넓게-좁게

인출을 할 때는 '좁게-넓게-좁게' 원리를 기억해야 한다. '좁게'란 인출 범위를 개념 하나하나로 좁혀서 그 내용을 인출해 보는 형태이며, '넓게'는 어떤 과목의 단원이나 주제를 범위로 잡아 그 안에 속한 상·하위개념 간의 관계를 목차나 마인드맵으로 작성해 보는 형태를 말한다. 인출 연습을 할 때는 이 두 형태 모두 필요하다.

그럼 이 방법들에 대해 더 구체적으로 알아보자. '좁은 인출'은 특정 개념의 정의나 특징, 장·단점, 시사점 등을 인출 단위로 삼아 그 내용들을 핵심 키워드로 말하거나 쓸 수 있는지를 묻는 것을 말한다. 가령 교육심리학 파트에서 비고츠키 이론을 공부했다면 ZPD(근접발달영역)의 정의나 역동적 평가, 교육적 시사점 등을 인출하는 형태가 이에 속한다.

방법은 공부를 하는 도중이나 공부를 한 후에 말이나 글로 핵심 키워드를 인출해 보면 된다. 글로 인출할 때는 굳이 글씨를 정갈하게 예쁘게 쓰지 않아도 되며, 본인이 알아볼 수 있는 수준에서 핵심 키워드를 빠르게 연습장에 휘갈겨 보는 식으로 인출해야 시간을 아낄 수 있다.

다음으로 '넓은 인출'이다. 넓은 인출은 어떤 과목의 단원이나 주제를 범위로 잡아 그 안에 속한 개념들의 상·하위 관계를 목차나 마인드맵으로 제작하는 것을 말한다. 가령 오늘은 교육심리학 과목에서도 '인지발달' 단원을 공부했다면 그 단원에 속하는 주제와 하위개념들을 구조적으로 나타내 보면 된다(예시 그림 확인). 마찬가지로 이번 한 주 동안 교육심리학을 공부했다면 '교육심리학'을 구성하는 단원과 주제 및 하위개념들을 구조적으로 그려 보는 것도 넓은 인출에 속한다(예시 그림 확인).

넓은 인출을 할 때는 수험서나 전공서의 목차 구조를 그대로 인출할 필요는 없다. 모든 내용을 다 구조로 잡을 필요 없이 시험에 출제되는 단원, 주제, 개념 위주로 목차나 마인드맵으로 만들어 인출 연습을 하면 된다.

'넓은 인출'을 하는 이유는 각 과목마다 구조(도식)를 확실히 잡기 위한 측면도 있지만 시험장에서 실수를 줄이기 위함도 있다. 시험문제를 풀다 보면 '자세히 보면 서로 다른 개념이지만 얼핏 보면 비슷해 보이는 개념들을 혼동해' 문제를 틀리는 경우가 종종 있는데, 이는 각 과목마다 개념들을 구조화하지 않았기 때문이다.

이와 관련된 사례를 들자면 2016학년도 중등 교육학 논술 문제를 꼽을 수 있다. 문제를 보면 에릭슨(E. Erikson)의 정체성발달이론에 제시된 개념 1가지를 서술하라고 하였는데, 그 당시 수험생들은 에릭슨 이론의 '심리적 유예기(psychological moratorium)' 대신 그와 비슷한 마샤(J. Marcia)의 '정체감 유예(Moratorium)'를 적어 틀리는 경우가 많았다. 전혀 개념을 몰랐다면 할 말이 없지만 두 개념을 알고 있었음에도 순간 헷갈려서 이 문제를 틀렸다면 얼마나 억울하겠는가. 0.1점 차이로 울고 웃는 임용시험에서 실수 하나면 최소 1~2점은 날아가니 이런 실수를 예방하려면 과목별로 구조화를 하면서 비슷한 개념을 확실히 구분해 놓아야 한다.

〈'단원'에 대한 넓은 인출 - 목차형〉

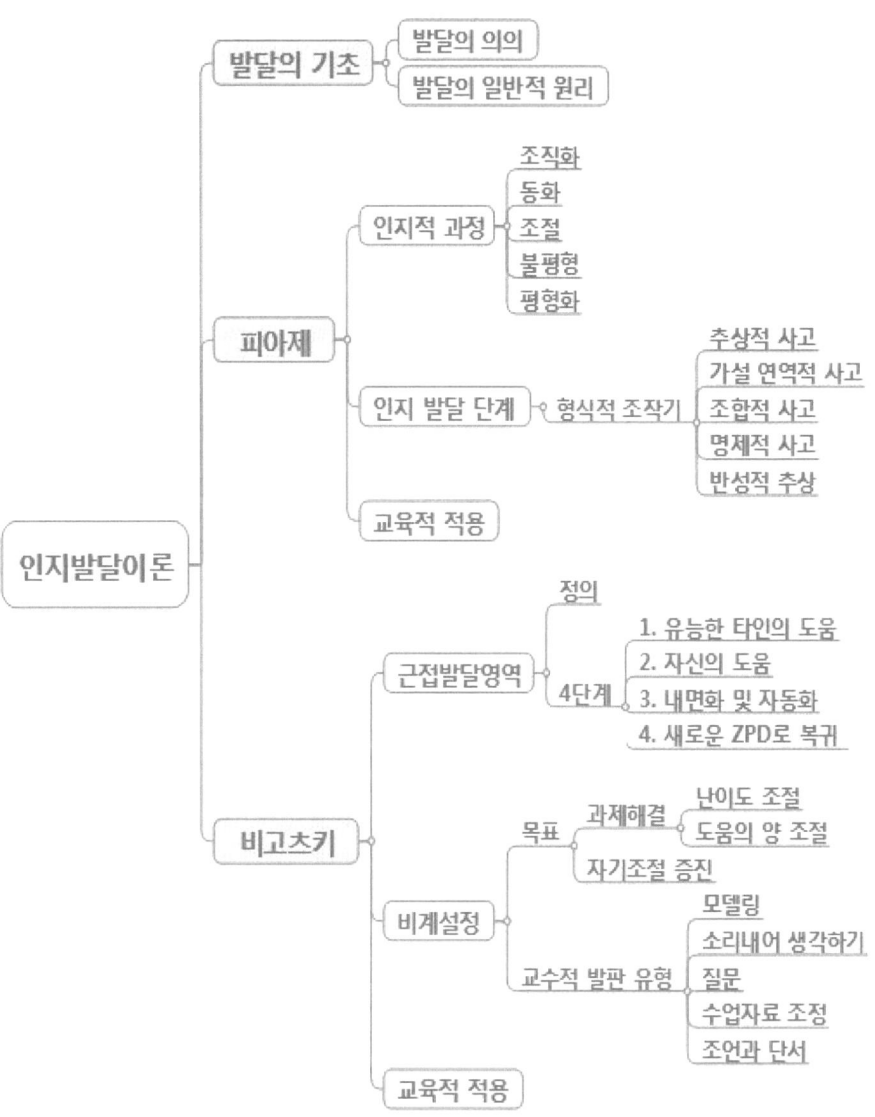

〈 '과목'에 대한 넓은 인출 - 마인드맵형 〉

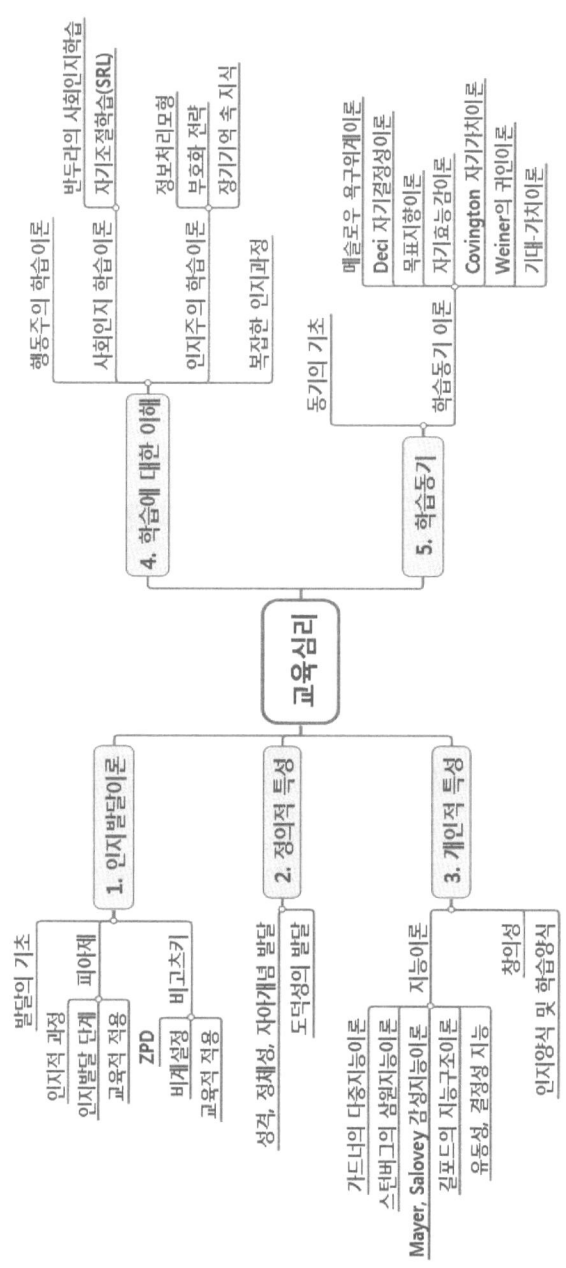

교육심리

4. 학습에 대한 이해
- 행동주의 학습이론
- 사회인지 학습이론
  - 반두라의 사회인지학습
  - 자기조절학습(SRL)
- 인지주의 학습이론
  - 정보처리모형
  - 부호화 전략
  - 장기기억 속 지식
- 복잡한 인지과정

5. 학습동기
- 동기의 기초
- 학습동기 이론
  - 매슬로우 욕구위계이론
  - Deci 자기결정성이론
  - 목표지향이론
  - 자기효능감이론
  - Covington 자기가치이론
  - Weiner의 귀인이론
  - 기대-가치이론

1. 인지발달이론
- 발달의 기초
  - 인지적 과정
  - 인지발달 단계
    - 피아제
    - ZPD
      - 교육적 적용
    - 비계설정
    - 비고츠키
      - 교육적 적용

2. 정의적 특성
- 성격, 정체성, 자아개념 발달
  - 도덕성의 발달

3. 개인적 특성
- 지능이론
  - 가드너의 다중지능이론
  - 스턴버그의 삼원지능이론
  - Mayer, Salovey 감성지능이론
  - 길포드의 지능구조이론
  - 유동성, 결정성 지능
- 창의성
  - 인지양식 및 학습양식

3) 실전 인출 전략

지금부터는 실전에서 바로 사용 가능한 인출 전략들을 소개하고자 한다. 각 전략을 무조건 모두 익혀서 적용해야 하는 것은 아니니, 편한 마음으로 읽어 보고 마음에 들거나 본인의 상황에 적합한 몇 가지 전략을 선택하여 적용하기를 바란다.

(1) 인출 시스템 구축

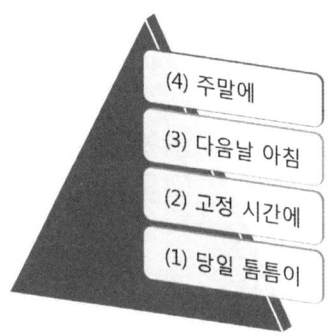

밑 빠진 독에 물 붓는 식으로 외우고 까먹는 악순환은 이제 그만! 공부한

내용을 장기기억으로 전환시키기 위해서는 위와 같은 인출 시스템을 구축해 운영해야 한다.

인출이 잘 안 되는 이유는 공부한 것들을 한 번에 몰아서 인출하려고 하기 때문이다. 하루에 공부한 개념이 최소 몇십 가지는 될 텐데 그 많은 개념을 특정 시간에 다 떠올리는 것은 천재적인 기억력을 가진 소유자가 아니라면 당연히 힘들다. 그래서 위와 같이 시스템으로 만들어 부분적으로 인출 연습을 하고 그것들을 다시 모아 전체적으로 인출 연습을 하는 방향으로 계획을 잡아야 한다.

- 당일 틈틈이

이 시간은 쉬는 시간, 이동 시간, 식사 시간, 샤워 시간 등의 자투리 시간을 말한다. 이때는 필기구로 적으면서 인출하기가 어려워 머릿속으로 되뇌거나 작게 말로 내뱉으면 되는데, 방금까지 공부했던 단원이나 주제의 내용 중에서도 기출개념 위주로 '넓은 인출'이나 '좁은 인출'을 하면 된다 (자투리 시간의 반이나 1/3 정도만 투자해도 성공이다).

'넓은 인출'을 하든 '좁은 인출'을 하든 방금까지 공부했던 범위 모두를 인출 대상으로 삼지 않아도 된다. 시간 되는 대로만 하면 그만이지 못 다룬 부분이 있다고 죄책감(?)을 갖지 말라는 얘기다. 그 시간에 인출을 해 봤다는 것만으로도 성공이니까.

이동 시간이 긴 편이라면 그 시간에는 즉각 암기&인출 시간을 가져도 좋다. 가령 버스를 타고 도서관까지 가는 데 30분이 걸린다면 10~15분 정도 인출 연습을 하면 되는데, 이때 암기자료(강사or합격생or직접 만든)를 보면서 몇 가지 개념을 정해 즉시 외우고 즉시 인출해 보는 시간을 가지면 된다. 또한 공부한 내용을 구조화한 '마인드맵'이나 '목차'가 있다면 그 구조를 외우는 시간으로 써도 된다.

- 고정 시간에

하루 공부 계획에 '고정 시간'을 배치해서 암기&인출 연습하는 시간을 가져야 한다. 암기 시간도 갖지 않았으면서 인출이 잘 되기를 바라는 것은 어불성설이 맞다. 연료를 주입하지 않았는데 차가 움직이기를 바라는 마음과도 같은 이치라 할 수 있다. 따라서 암기&인출에 매진할 수 있는 '고정 시간'을 확보하는 것이 중요한데, 이 시간은 언제 배치하는 것이 좋을까? 집중이 잘 '안 되는' 시간대에 배치하는 것이 좋다. 집중이 잘 되는 시간대에는 정보를 받아들이며 개념 이해(input)에 초점을 맞추고, 집중이 잘 안되는 시간대에는 이해한 개념을 암기하고 인출(output)하는 데 초점을 두어야 시간을 효율적으로 쓸 수 있다.

왜 이렇게 하는 것이 좋을까? 반대로 가정해 보면 쉽게 결론이 나온다. 집중이 잘 되는 시간대에는 암기&인출을 해도 문제될 건 없다. 하지만 집중이 잘 안 되는 시간대에 정보를 '이해'하려는 모습을 생각해 보자. 평소라면 10분이면 끝날 것을 20분, 30분을 공부해도 끝내지 못하는 모습이 벌써 상상이 되지 않는가? 그래서 내가 어느 시간대에 집중이 잘 되는지, 안 되는지를 파악하는 것이 우선적으로 필요하며 집중이 잘 안 되는 시간대에는 암기&인출을 하거나 기출변형 문제를 만들어 봄으로써 공부한 개념을 점검하는 시간으로 써 보길 추천한다.

그럼 고정 시간을 '얼마나' 확보하면 좋을까? 이건 개인의 수준과 시기를 고려하여 정해야 한다. 이제 막 임용시험을 준비하여 1~2회독에 있는 상태라면 하루 1시간 내외면 충분하다. 특정 시간대를 잡을 수도 있고 오전 20분, 오후 20분, 저녁 20분으로 나눠 총 1시간 내외로 잡을 수도 있다.

본인의 공부 컨디션을 고려해 암기&인출 시간을 배치하는 방법도 있는데 식전이나 식후에 집중력이 현저히 떨어진다면 그때 20~30분씩 고정시간을 배치해 놓으면 된다. 필자는 저녁을 먹기 1시간 전(4~5시)에 집중력이 현저히 떨어졌는데 그 시간대에는 기계적인 암기가 필요한 과목을 공부하고 바로 문제로 만들거나 암기&인출 연습하는 시간을 가졌었다.

혼자서 꾸준히 암기&인출 연습하기가 힘들다면 온라인 또는 오프라인으로 '짝스터디'를 이용하는 것도 괜찮은 방법이다. 40분에서 1시간 정도 시간을 잡고 그 시간 동안 하루 공부한 내용 중 중요한 기출개념을 서로 질문해 가며 정확히 이해했는지, 핵심 키워드로 인출할 수 있는지 점검하면 된다. 이때 가능하다면 진도를 서로 같이 맞춰 놓아야 정확하고 풍부한 피드백을 제공해 줄 수 있다.

한편, 본격적으로 암기에 열을 올리는 7월부터(N수생일 경우 빠르면 5월)는 이 고정 시간을 점점 더 늘려 나가면 되는데 오전, 오후, 저녁 각각 40분에서 1시간 정도는 암기&인출 시간을 고정으로 배치해 놓고 시험에 가까워질수록 이 시간을 더 늘려 나가면 된다(이 또한 개인차가 있는 부분이라 8월까지 이해 중심으로만 공부하다가 9월부터 암기해서 합격한 사람도 있다는 것을 알아 두자. 결국 정해진 암기 시기란 없다는 것! 본인에게 적절한 시기가 최고의 시기다).

그렇다면 이 고정시간을 어떻게 활용하면 될까? '좁은 인출'과 '넓은 인출'을 8:2 정도의 비율로 잡아 진행하면 된다. 가령 1시간이 주어진다면 45~50분 정도는 좁은 인출을 하면서 기출개념의 정의, 목적, 특징, 장·단점 등의 사항을 핵심 키워드 중심으로 암기&인출 연습을 하되, 10~15분 정도는 넓은 인출을 하면서 기출개념 위주로 목차나 마인드맵을 그려 가며 구조를 잡는 시간으로 활용하면 된다.

- 다음 날 아침

장기기억의 비결은 '반복'이다. 전날 공부한 개념들을 다음 날 아침 딱 20분 정도만 투자하여 다시 한번 살펴보자. 5분은 어제 공부한 내용의 전체적인 구조를 '넓은 인출'로, 나머지 15분은 기출개념의 대략적인 특징을 말하거나 글로 쓸 수 있는지 '좁은 인출'로 확인하면 된다.

넓은 인출이든 좁은 인출이든 교재를 보지 않고 일단 인출해 보는 과정이 중요하다. 그래야 어떤 내용이 비교적 강하게 기억으로 남았는지 알 수 있으며, 왜 나머지 내용은 기억하지 못했는지, 공부할 때 어떻게 해야 다음 날에도 더 기억을 잘 할 수 있을지 생각해보는 계기가 될 수 있다.

그리고 1월부터 6월까지는 공부 스케줄이 암기보다는 개념 이해, 기출분석, 단권화 등에 초점이 맞춰져 있으므로 아침 인출이 잘 안 된다고 크게 속상해하거나 스트레스 받을 필요는 없다. 인출을 잘 하려면 키워드 중심으로 개념을 암기한 상태여야 하는데 6월까지는 개념 이해도, 암기도 부족한 상태이므로 인출도 당연히 잘 안 되는 것이다. 그러니 그냥 어제 공부한 것을 가볍게 '되새겨 본다'라는 느낌으로 아침 인출을 꾸준히 이어 나가면 된다.

마지막으로 하나 더 당부를 하자면 아침 인출 연습에 계획보다 과한 시간을 투자하지는 말라는 것이다. 20분으로 정했으면 그 시간 내에 끝내던가, 끝내지 못했어도 다음 스케줄로 넘어가야지 "조금만 더, 조금만 더" 하면서 인출 연습만 붙잡고 있으면 하루 계획이 무너진다. 어제 공부한 내용을 모두 다 인출하지 못해도 괜찮다. 지금 못 한 건 다음 회기 때 더 집중적으로 공부, 암기, 인출을 하면 된다. 모 화장품 광고처럼 하나라도 "놓치지 않을 거예요~" 하는 마음은 알겠지만 그러다간 하루 전체 계획이 틀어져 기분만 상할 수 있으니 아침 인출은 적당히 마무리 짓고 넘어가도록 하자.

- 주말에

주말에는 1~2시간 정도를 투자해 한 주간 공부했던 내용들을 살펴보면 되는데 이때도 '넓은 인출'과 '좁은 인출'을 사용하면 된다. 우선 '넓은 인출' 측면에서 얘기해 보겠다. 평일에 마인드맵이나 목차로 공부한 내용을 구조화해 놓은 것이 있다면 주말에는 그 자료를 한데 모아 '메가 마인드맵'이나 '목차'로 만들어 보자. 주중에 만들어 놓은 것이 없어도 괜찮다. 그 자리에서 바로 만들면 되니까. 메가 마인드맵(목차)은 한 주간 공부한 내용들을 다시 한번 큰 구조로 '묶는' 역할을 해 준다.

교육학의 교육심리학 과목으로 예를 들자면 월요일에 '인지발달이론'을, 화요일에 '정의적 특성의 발달'을, 수요일에 '학습이론'을, 목요일에 '학습동기'를, 금요일에 '지능, 창의성, 인지양식'을 공부했다면 토요일에 그 모든 내용을 '교육심리'로 묶어 하나의 마인드맵으로 만드는 것이 바로 메가 마인드맵이다. 메가 마인드맵을 만드는 주 목적은 한 주간 공부한 개념들을 한눈에 구조로 파악하기 위한 것이므로 서브노트처럼 세세하게 키워드를 이용해 가며 적을 필요도 없다. 간단히 개념의 명칭만 적으면 된다.

다음으로 '좁은 인출'이다. 주중에 꼭 암기해야 하는 기출개념인데 외우지 못한 것이 있다면 이 시간을 활용해 외우면 된다. 평일에 자투리 시간이나 고정 시간에 외우려고 시도했어도 시간이 없거나 잘 외워지지 않은 경우 따로 수첩이나 메모장에 표시를 해 두고 그 개념을 주말에 집중적으로 외우고 인출 연습을 하면 된다. 사람마다 차이는 있겠지만 새로운 정보를 장기기억으로 넘기려면 같은 정보를 최소 2~3번 이상은 외워야 하니 평일+주말을 이용해 반복 암기하면 된다.

(2) 문제 활용하기

문제를 풀며 공부한 것을 적용해 보는 과정도 또 다른 형태의 인출 연습이다. 문제란 내가 만든 문제, 기출문제, 강사의 문제, 스터디원의 문제가 될 수 있는데 하나씩 차례대로 살펴보자.

- 직접 문제 만들기

하루 종일 망부석처럼 앉아 정보만 받아들이기 지루하다면 문제를 만들면서 분위기 전환을 해 보자. 집중이 잘 안 되는 시간대나 잠이 오는 시간대에 20~30분 정도를 투자하여 문제를 만들면 된다. 처음에는 간단하게 O, X 형식이나 단답형 문제, 빈칸 뚫기 등으로 문제를 만들어 보다가 점점 익숙해지면 기출문제와 비슷한 서술형 형태로 문제를 만들어 봐도 좋다.

이렇게 만든 문제는 자투리 시간(쉬는 시간, 식사 시간, 이동 시간 등)이나 암기&인출 연습용으로 확보한 고정 시간에 풀어 보면서 개념을 잘 이해했는지, 암기한 것을 잊지 않았는지 점검해 보면 된다(스터디를 하고 있다면 스터디원과 서로 문제를 만들고 공유하여 풀어 보는 것도 좋은 방법이다).

[문제로 만들 내용 원본]

에릭슨의 심리사회적 발달단계에서 5단계

5단계는 프로이드의 생식기에 해당하며 약 12세부터 18세까지이다. 이 시기의 가장 중요한 발달과업은 자아정체성의 확립이다. 자아정체성이 확립되기 전 탐색 기간을 '심리적 유예기'라고 한다. 5단계의 위기를 잘 극복하면 '충실'이라는 덕목을 갖게 된다. 충실은 다양한 가치체계 간의 불가피한 충돌에도 정체감을 유지하는 데 도움이 된다.

『최신교육심리학』, 이신동/최병연/고영남 공저, 학지사, 2012, 76쪽 수정 발췌

↓

[O, X 문제]

에릭슨의 심리사회적 발달단계 중 5단계는 프로이드의 구강기에 해당한다. (O , X)

[단답형 문제]

자아정체성이 확립되기 전 탐색 기간을 무엇이라 하는가?
→ (　　　　), (○○○ ○○○), (ㅅㄹㅈ ㅇㅇㄱ)

* 위의 3가지 옵션처럼 힌트를 아예 안 주거나, 글자수 또는 초성으로 줄 수도 있다.

[빈칸 뚫기 예]

5단계는 프로이드의 __a__ 에 해당하며 약 12세부터 18세까지이다. 이 시기의 가장 중요한 발달과업은 __b__ 의 확립이다. __b__ 이(가) 확립되기 전 탐색 기간을 __c__ 라고 한다. 5단계의 위기를 잘 극복하면 __d__ (이)라는 덕목을 갖게 된다. __d__ 은(는) 다양한 가치체계 간의 불가피한 충돌에도 정체감을 유지하는 데 도움이 된다.

[서술형 문제 예]

'심리적 유예기'의 의미를 서술하고 이 위기를 극복할 수 있도록 돕는 교사의 역할 2가지를 쓰시오.

문제를 만들 때는 타이핑을 하거나 수첩이나 노트에 적어도 되고, 암기카드를 구해 앞면에는 문제를 적고 뒷면에는 답을 적어 휴대하고 다니면서 틈틈이 봐도 된다. 당일 만든 문제임에도 다시 풀었을 때 틀린다면 다음날, 주말에 다시 풀어 보면서 기억을 강화시켜 보자.

문제를 만들 때는 가능한 기출문제에서 출제된 개념 위주로 문제를 만들 것을 권하며, 너무 많은 문제를 만드느라 시간을 낭비하지 않도록 하자. 무작정 많이 만들면 문제만 계속 쌓일 뿐 풀 시간이 없다.

- 기출문제로 인출 연습

기출문제로도 인출 연습을 할 수 있다. 한 문제를 풀기 위해서는 그 문제를 구성하는 여러 개념들을 알고 있어야 하는데, 이 개념들을 인출할 수 있는지 문제로 점검하는 것이다. 예전의 객관식 문제든 현재의 서술형 문제든 상관없다. 어떤 문제로도 인출 연습을 할 수 있다. 기출문제 하나를 예시로 준비했다. 피아제 이론의 '형식적 조작기'에 대한 내용이다.

24. 다음은 피아제(J. Piaget) 인지발달이론의 형식적 조작 단계에서 나타나는 사고의 특징을 설명한 것이다. 이를 가장 잘 나타내는 개념은?

• 구체적인 경험과 관찰의 한계를 넘어서, 제시된 정보에 기초해서 내적으로 추리한다.
• 사고에 대한 사고, 즉 메타사고(meta-thinking)의 과정을 통해 자신의 사고 내용에 대해 숙고하는 과정이다.
• 문제를 해결하는 과정에서 기존의 지식을 새로운 장면에 쉽게 적용하거나 새로운 지식을 창조하는 일에 깊이 관여한다.
• '할아버지와 할머니의 관계는 아버지와 어머니의 관계에 해당한다.'와 같이 대상들 간의 관계를 유추하는 과정에서 작용한다.

① 자동화 ② 탈중심화 ③ 명제적 사고
④ 반성적 추상화   ⑤ 가설연역적 추론

지문이나 보기를 보면 여러 개념들이 들어가 있음을 확인할 수 있다. 이 개념들을 갖고 전방위적으로 인출해 보면 된다. 예를 들어, 지문에서 '형식적 조작기'를 묻고 있으므로 형식적 조작기란 무엇인지, 그 전 단계인 구체적 조작기와 어떤 차이점이 있는지, 보기에 제시된 형식적 조작기의 특징(명제적 사고, 가설연역적 추론, 반성적 추상화) 말고도 또 다른 특징으로는 무엇이 있는지(추상적 사고, 조합적 사고 등) 등을 자문자답할 수 있다.

또한 보기에서는 형식적 조작기와 관련은 없지만 '자동화', '탈중심화'라는 개념도 보이는데 이 개념은 어떤 단원이나 주제에 나오는지, 각 개념의 의미는 무엇인지를 인출해 볼 수도 있으며 ④번 보기(반성적 추상화)와 ⑤번 보기(가설연역적 추론)가 정답 선택 과정에서 헷갈릴 수 있는데 이 두 개념의 차이는 무엇인지를 설명해 보는 방법도 인출 연습이 될 수 있다.

- 강사 문제 활용

보통 7월부터 문제 풀이, 9월부터는 모의고사 강의가 열리는데 이때 제공되는 문제들을 푸는 것도 인출 연습에 속한다. 시간이 없거나 부득이한 사정으로 문풀, 모고 강의를 전부 들을 여유가 없다면 문제만 구해서 풀어 보는 것도 좋은 방법이다. 답은 본인 자료(수험서, 전공서, 기타 자료)로 1차 확인해 보고, 강사 해설자료로 2차 확인, 그래도 이해가 안 되면 그 부분에 관해서만 강의로 3차 확인을 하면 된다.

한 가지 제안을 하고 싶은 건 N수생인데 작년 1차 점수가 커트라인에서 맴돌았다면 다음 해에 준비할 때는 1월에 다시 기본이론 강의를 들으며 시간을 허비하지 말고 기출분석 및 다양한 전공서로 기출개념을 확실히 잡고 3월이나 5월부터 문제 풀이 형식으로 공부모드를 전환해 보라는 것이다. 본인 점수가 커트라인 근처에 머물렀다는 것은 개념을 어느 정도 잡았지만 그 개념을 문제로 접해 보며 암기가 덜 된 부분이 어딘지를 확인하지 못했거나, 개념을 문제 상황과 조건에 맞게 응용·적용해 보며 문제해결력을 키우지 못한 결과일 가능성이 높다. 이런 상황에서 작년에 공부한 내용들을 그냥 기계적으로 반복해서 공부만 하면 매너리즘에 빠지기 쉬우니 작년 학원 강사의 문제 풀이 및 모의고사 문제를 구해 풀어 보며 객관적으로 자기를 점검해 보는 시간을 가져 보길 바란다.

(3) 백지쓰기

인출 연습의 꽃은 누가 뭐라 해도 백지쓰기다. 백지쓰기를 얼마나 성실하게 했는가에 따라 일반 수험생과 5~10점 정도는 차이가 난다.

백지쓰기의 목표는 개념별 핵심 키워드 인출이다. 그럼 왜 핵심 키워드로 인출해야 하는가? 핵심 키워드로 답안을 작성해야 평가자들이 채점하기도 쉽고 정답으로 인정될 가능성이 높기 때문이다. 똑같은 개념이라도 A수험생은 자기만의 언어로 두루뭉술 풀어 쓴 반면 B수험생은 기출문제, 수험서, 전공서에서 쓰는 공인된 키워드로 간결하게 작성했다면 누가 더 점수를 잘 받을 수 있을까? 예견된 결과지만 B다. 왜냐면 평가자들은 채점할 때 그들이 갖고 있는 모범 답안과 일치하거나 유사한 키워드로 적은 답만을 정답으로 인정해 주기 때문이다. 야속하지만 채점 기준이라는 게 그렇다.

따라서 단답형 문제든, 서술형 문제든, 논술형 문제든 문제를 풀려면 문제에서 묻는 개념을 '핵심 키워드'를 사용하여 문제의 조건과 상황에 맞게 풀어 쓰는 중요하다. 백지쓰기를 통해 개념을 핵심 키워드로 표현해 보는 연습을 하지 않으면 시험장에 가서 펜을 쥐고 있어도 간결하게 답을 작성하지 못해 시간에 허덕이거나 출제자가 원하는 '키워드'를 적지 못한 채 두루뭉술 장황하게 적고 있는 자신을 발견할 수 있을 것이다.

- 입문

백지쓰기가 중요하다는 것은 익히 들어왔지만 이제 막 공부를 시작한 수험생들은 백지에 공부한 내용을 적어야 한다는 것을 상당히 부담스러워하고 어려워한다. 사실 무엇을 얼마나 적어야 할지 감도 잡히지 않는다. 이럴 때 추천하고 싶은 방법이 있다.

'가벼운 마음으로 일기처럼 써볼 것'

개념을 키워드로 정확히 표현하는 연습은 입문 단계의 목표가 아니다. 입문 단계에서는 개념을 표현하고자 하는 의지와 동기가 꺾이지 않게끔 가벼운 마음으로 오늘 공부한 개념을 일기처럼 자유롭게 써 보는 것을 목표로 잡으면 된다. 이제 막 1월부터 공부를 시작한 수험생이라면 1~2월 두 달 동안은 일기처럼 가볍게 써 보면 되고, 표현하고 싶은데 기억이 안 나는 단어들은 책을 곁눈질해 가면서 써 봐도 된다.

이때는 범위를 넓게 잡지 않아도 된다. 하루 공부했던 개념 중 몇 가지만 선정해서 그 개념에 관해 아는 대로 자유롭게 쓰면 된다. 표현 방식이 서투르고 어색해도 괜찮다. 누가 보는 것도 아니고 확인하는 것도 아니니 써 본다는 것 자체를 의의를 두고 진행하면 된다.

그럼 백지쓰기는 언제 하면 될까? 고정된 인출 연습시간을 확보해 놓고 진행하는 것이 바람직하다. 가령 아침에 일어나 10~15분 정도 시간을 가져 봐도 좋고, 오전 20분, 오후 20분, 저녁 20분씩 시간을 잡아 백지쓰기 시간을 가져 봐도 좋다. 집중이 안 되는 시간대를 선정해서 진행할 수도 있으며 짝스터디를 하고 있다면 진도를 맞춰 서로 같은 영역(주제)에 대해 써 보고 피드백을 해 줄 수도 있다.

- 중급

중급은 각 과목별로 2~3회독을 진행하는 시기를 말한다. 이때부터는 백지쓰기를 할 때 '핵심 키워드'에 신경을 써야 한다. 2~3회독 때는 보통 기출분석을 토대로 다양한 전공서들을 보며 핵심 문장과 키워드를 파악하며 공부해야 하는데, 이 시기에 백지쓰기를 잘 하려면 공부를 하는 중간중간 "이 많은 단어 중에서 개념을 표현함에 있어 빠져서는 안 될 '핵심 키워드'는 무엇인가?"를 생각해 봐야 한다. 그리고 또 한 가지 신경 써야 할 요소가 있으니……

先(선) 인 출

일단 써 보자. 책도 보지 말고 암기도 하지 말고 일단 백지에 쓰고 보자. 백지쓰기 직전에 암기를 하는 것은 반칙이다. 그건 '선인출'이 아니라 '선암기-후인출'이다. 이런 형태는 단기기억에 저장된 지식만을 인출하는 것이므로 장기기억에 저장된 지식이 무엇인지 확인할 수가 없게 된다.

그럼 왜 장기기억에 저장된 지식을 확인하는 과정이 필요한 걸까? 그건 우리가 중간고사나 기말고사를 준비하는 것이 아니기 때문이다. 그런 시험은 벼락치기로도 커버가 된다. 시험 하루 이틀 전에 벼락치기로 정보를 단기기억에 담아두면 시험 당일 한꺼번에 그 정보들을 쏟아낼 수 있다. 하지만 교원임용시험에서는 벼락치기가 안 통한다. 그 많은 정보를 단시간 내에 머릿속에 집어넣을 수가 없기 때문이다. 또한 단기기억에 담아 둔 정보는 저장 기간이 짧기 때문에 조금만 시간이 지나도 언제 공부했냐는 듯이 새까맣게 잊어버리게 된다. 따라서 공부를 본격적으로 준비하는 시점부터는 개념을 장기기억으로 넘겼는지 정기적으로 확인해야 하는데 그때 사용하는 방법이 바로 '선인출'이다.

여기서 혹자는 이렇게 생각할 수도 있다. "장기기억에 저장된 지식을 왜 선인출로 확인해야 할까?" 그에 대한 이유를 두 가지로 답해 보겠다.

첫째, 시간을 아끼기 위해

둘째, 더 잘 기억할 수 있어서

선인출을 해 봐야 장기기억으로 넘긴 정보가 무엇인지 확인할 수 있는데, 만약 선인출을 하지 않고 일단 암기한 후 인출을 하게 되면 단기기억에 있는 정보만을 쏟아 내는 격이므로 무엇이 내 머릿속에 정착이 됐는지 안 됐는지를 확인할 수가 없게 된다. 이러면 발생할 수 있는 문제점은 정착이 된 지식은 굳이 암기할 필요가 없는데도 괜한 불안감에 모조리 처음부터 다 외우느라 시간을 버리게 된다는 점이다. 시간을 아끼려면 선인출 전략으로 장기기억 속 지식을 확인한 후 아직 덜 외운 정보를 기존 지식과 연결하거나 추가적으로 외우는 방향으로 가야 한다.

그럼 두 번째 이유는 어떻게 설명할 수 있을까? 이건 직접 느껴 봐야 한다. 그래서 예제를 준비했다. 교육심리학 에릭슨 이론의 '심리적 유예기'다. 이 개념을 일단 무작정 아는 대로 선인출해 보자.

심리적 유예기란?

이 개념을 아예 몰랐다면 쓸 수 없었겠지만 한 번이라도 공부했다면 백지에 떠듬떠듬해서라도 적어 봤을 것이다. 수험생들이 적어 봤을 법한 예시 두 가지를 준비해 봤다.

['심리적 유예기'에 대한 선인출 예시]

예시 1	자아를 찾는 시기다.
예시 2	청소년기 시기에는 앞으로 무엇을 할지 쉽게 결정하지 못해 방황할 수 있는데 이때 미래를 위한 선택을 잠깐 멈추고 여행도 다니고 휴학도 하면서 여러 가지 자신의 가능성을 탐색하며 진정한 나를 찾아가는 시기다.

예시 1은 '자아' 및 '찾는'을 사용해 개념을 설명하고 있으며 예시 2는 개념을 이해한 대로 자유롭게 서술한 형태다. 이렇게 서술한 예시들을 핵심 키워드를 사용해 요약한 내용과 비교해 보자.

심리적 유예기: **자아정체성** 형성을 위해 잠시 **진로** 결정을 **유보**하고 자신의 능력을 시험해 보며 새로운 역할, 가치, 신념 등을 끊임없이 **탐색**하는 시기

핵심키워드는 굵은 글씨로 밑줄 친 부분이다. 심리적 유예기를 설명할 때는 네 가지 키워드 즉, '자아정체성', '진로', '유보', '탐색'이 있으면 된다. 이 키워드와 비교했을 때 선인출한 내용과 어떤 차이가 있는지 살펴보자. 우선 예시 1부터 비교해 보자.

선인출 예시 1	자아를 찾는 시기다.
핵심 키워드	자아정체성, 진로, 유보, 탐색

선인출한 '자아'와 핵심 키워드인 '자아정체성'은 의미면에서 통하므로

'자아'를 '자아정체성'으로 살짝만 바꿔 외우면 된다. 마찬가지로 선인출한 '찾는'도 핵심 키워드의 '탐색'과 대조해 보면 한글이냐 한자의 차이지 결국 의미는 비슷하므로 재암기 및 인출할 때 조금만 더 신경을 쓰면 된다는 것을 알 수 있다. 이렇게 재암기를 하면 핵심 키워드를 기존 인지구조에 포섭하는 식으로 받아들일 수 있기 때문에 암기 부담을 줄일 수 있고, 핵심 키워드를 장기기억 차원으로 넘겨 더 오래 기억을 유지할 수 있게 된다.

한편 이렇게 선인출로 꺼낸 정보와 핵심 키워드를 대조해 보면 의외로 자신감을 얻기도 하는데, 장기기억 속에 남아 있던 지식과 핵심 키워드가 표현만 살짝 다를 뿐이지 결국 같은 의미였으므로 그동안 공부했던 노력이 헛것이 아니었음을 자각할 수 있기 때문이다. 공부에 있어서는 인지적 전략도 중요하지만 자신감과 같은 정서적 변인도 학습을 포기하지 않고 더 정진하게 만들어 주는 중요한 요소이므로 선인출 전략은 수험생에게 여러모로 도움이 되는 전략임을 어필하고 싶다.

그럼 인출하지 못한 나머지 두 키워드(진로, 유보)는 어떻게 처리하면 될까? 선인출로 확인한 지식과 나머지 두 키워드를 유의미하게 연결하면 된다. 아래의 사고과정을 보자.

개념 명칭이 심리적 '유예'기니까 '유보(유예)'라는 말은 굳이 외우지 않아도 나중에 인출이 쉬울 것 같아. 그럼 '진로'만 남았군! 이 키워드를 장기기억에 저장된 정보인 '자아(정체성)' 및 '탐색'과 연결시켜 보자.

심리적 유예기 기간에 청소년은 '자아정체성'을 찾기 위해 '유보'를 해. 그럼 무엇을 유보하는 걸까? '진로' 선택이지. 진로 선택을 유보해 놓고 앞으로 무엇을 하면 좋을지 '탐색'을 하는 거야. 이 말을 간단히 정리하면 이렇게 되겠네.

'자아(정체성)'를 찾기 위해 **'진로'** 선택을 **'유보'**하며 **'탐색'**하는 시기

이렇게 장기기억에 저장된 지식과 아직 외우지 못한 키워드를 연결해 놓으면 기억이 강화되며, 의미 없이 기계적으로 키워드를 외울 때보다 더 오래 기억할 수 있다. 각 키워드가 서로 유의미하게 연결된 상태이므로 한 단어를 끄집어내면 그와 관련된 단어를 유추해 가며 인출하기 쉬운 상태로 만들 수 있다. 단어와 단어를 논리적으로 연결하는 과정이 처음에는 낯설고 버벅일 수 있겠지만 연습을 거쳐 익숙해지면 기존 암기방법에 비해 더 잘, 더 오래 기억할 수 있음을 느낄 것이다.

한편, 선인출 예시 2는 이해한 대로 자유롭게 서술했지만 길게 늘여 쓴 게 단점인데, 이럴 땐 핵심 키워드와 비교하면서 어떻게 하면 더 간결하면서도 정확하게 표현할 수 있을지 고민해 보면 된다. 가령, 선인출한 내용을 부분 부분 나눠 핵심 키워드로 대체한다면 다음과 같이 바꿀 수 있을 것이다.

"청소년기 시기에는 앞으로 무엇을 할지 쉽게 결정하지 못해 방황할 수 있는데 이때 미래를 위한 선택을 잠깐 멈추고 여행도 다니고 휴학도 하면서"

→ 진로 선택 유보

"여러 가지 자신의 가능성을 탐색하며"

→ 대안적 탐색

"진정한 나를 찾아가는"

→ 자아정체성

앞에서도 말했지만 이렇게 일상적인 표현을 핵심 키워드로 바꿔 보는 이유는 나중에 답안을 작성할 때 시간을 절약하기 위한 것도 있고, 누구나 인

정할 만한 공인된 용어를 사용함으로써 정답 가능성을 높이기 위한 것도 있다. 평가자는 내가 무슨 말을 해도 자상하게 들어줄 할머니, 할아버지와 같은 사람들이 아니다. 대충 이렇게 적으면 되겠지 싶어서 막 적으면 참담한 결과만 맞이할 뿐이다. 그러므로 백지쓰기 중기부터는 암기&인출 연습을 하더라도 개념별로 핵심 키워드를 사용해 가며 연습하고 있는지 신경 쓰도록 하자.

- 고급

백지쓰기 고급은 회독수로 따지면 각 과목별로 3~4회독 이상일 때, 개월 수로 보자면 7월부터 시험 보기 직전까지의 기간에 사용하는 전략을 말한다. 이때부터는 각 과목, 영역, 주제마다 암기할 개념을 리스트로 정해 놓고 각 개념을 키워드로 인출할 수 있는지 없는지를 '관리'하는 데 초점을 맞춰야 한다. 눈에 보이는 대로 주먹구구식으로 인출하고 암기하다 보면 무언의 불안감이 생기기 마련이다. 내가 얼마만큼 잘 외웠는지, 잘 외우지 못했는지를 점검할 수 없으니 불안이 생길 만도 하다. 따라서 이 시기에는 교육학 및 전공 개념을 과목별로 인출리스트를 만들어 체계적으로 관리할 수 있어야 한다(각 과목별로 마인드맵이나 목차를 만들어 둔 것이 있다면 그 자료를 토대로 인출리스트를 만들면 된다).

[교육심리 인출리스트 예시]

영역	주제		핵심개념	V
1. 발 달 이 론	1. 인지발달		1. 피아제(정의, 동화, 조절, 평형화, 형식적 조작기, 시사점)	
			2. 비코츠키(정의, 비계설정, 근접발달영역, 시사점)	
	2. 성격발달		1. 성격발달 이론(정의, 발달단계, 시사점)	
			2. 자아정체감 상태(정의, 유형)	
			3. 도덕성 발달이론(정의, 발달단계, 교수전략)	
			4. 조망수용이론(정의, 발달단계)	
			5. 발달과업이론(정의, 결정적 시기, 시사점)	
			6. 생태학적 이론(정의, 예, 교사의 역할)	
2. 학 습 자 특 성	1. 지능	개념	1. 지능(최근 정의)	
			2. 지능지수(IQ 문제점, IQ 해석 시 유의점)	
		지능 이론	1. 일반요인론, 2. 중다요인론, 3. 지능구조이론(기본 내용)	
			4. 삼원지능이론(정의, 구성, 시사점)	
			5. 다중지능이론(정의, 구성, 시사점)	
			6. 위계적 요인설(정의, 구성, 시사점)	
			7. 감성지능이론(정의, 구성)	
	2. 창의성	개념	1. 창의성(정의, 구성요소)	
		창의력 개발 기법	1. 브레인스토밍(정의, 원리, 장점, 단점, 브레인라이팅)	
			2. 육색 사고 모자	
			3. 시네틱스 교수법(정의, 비유의 유형)	
			4. PMI법, 체크리스트법, 속성열거법	
			4. 창의력 신장을 위한 교사의 역할	
	3. 인지양식		1. 장독립형(특성, 교수전략)	
			2. 장의존형(특성, 교수전략)	
	4. 학습양식		1. 반성형(특성, 교수전략)	
			2. 충동형(특성, 교수전략)	

인출리스트를 만들어 놓고 선인출을 해 보면서 암기하지 못한 항목이 무엇인지 확인해야 한다. 더 세밀하게 점검하고 싶다면 각 항목마다 어떤 핵

심 키워드를 외웠는지, 외우지 못했는지까지 비고란에 체크 또는 기입해 두고 그 부분을 다시 암기할 때 집중적으로 공략하면 된다.

(4) 마인드맵

- 제작 이유

백지쓰기는 개념들을 핵심 키워드로 인출할 수 있는지 확인하는 방법이라면, 마인드맵은 개념과 개념, 주제와 주제, 단원과 단원 간의 관계를 '시각적 도식'으로 나타낼 수 있는지를 확인하는 인출 방법이다. 전자인 백지쓰기를 '미시적 인출'이라 부른다면 후자인 마인드맵은 '거시적 인출'이라 칭할 수 있겠다.

마인드맵을 만들면 좋은 점은 단원과 그에 속하는 주제 및 개념 구조를 시각적으로 나타낼 수 있다는 점이다. 이중부호화 이론(dual-coding theory)에 따르면 우리의 뇌는 정보를 어문 부호로만 처리할 때보다 시각부호와 함께 표상하면 기억이 더 향상된다고 하는데, 마인드맵은 어문과 시각부호를 함께 표상한 결과물이므로 이론적으로도 뒷받침되는 기억 전략이라 할 수 있다.

또한 마인드맵을 만들다 보면 개념, 주제, 단원 간의 유기적인 관계에 대해서도 생각해 볼 기회가 있는데, 이때 그 관계를 '이야기'로 만들어 놓으면 과목 자체에 대한 인지적·심리적 부담을 '확' 낮출 수 있다는 장점도 있다. 도대체 이게 무슨 말일까? 다음 교육심리학 목차를 보자.

제1장 교육심리학 개관

제2장 학습자의 인지발달
- 피아제, 비고츠키

제3장 학습자의 성격발달
- 프로이드, 에릭슨, 마샤

제4장 학습자의 도덕성 발달과 자아개념
- 도덕성발달, 자아개념

제5장 학습자의 개인차(Ⅰ): 지능
- 지능에 대한 접근과 지능이론, 지능의 측정, 지능발달의 개인차

제6장 학습자의 개인차(Ⅱ): 창의성·학습양식
- 창의성, 학습양식

제7장 특수한 학습자

제8장 학습에 대한 행동주의와 사회인지주의적 접근

제9장 학습에 대한 인지주의적 접근

제10장 학습에 대한 구성주의적 접근

제11장 학습에 대한 생물학적 접근

제12장 학습동기

제13장 교수이론과 교수기술
- 글레이저, 브루너, 오수벨, 가네, 캐롤

제14장 교수이론의 적용: 협동학습
- STAD, TGT, TAI, Jigsaw, GI

『최신교육심리학』, 이신동·최병연·고영남 공저, 2012, 학지사

1장부터 14장까지 각 장을 개별적인 내용으로 본다면 목차만 봐도 부담이 느껴지겠지만 다음 도식과 같이 크게 '발달', '개인차', '학습이론', '동기, 교수학습' 파트로 4등분하여 이야기를 만들면 '교육심리는 무엇이다'라는 과목 자체에 대한 본질과 종합적인 시각을 가질 수 있게 된다(주요 단원들을 공부한 후 마인드맵을 만들었을 때를 말한다. 공부하기 전에 만드는 마인드맵은 과목의 전체적인 구조를 파악하기 위한 목적을 지닌다).

〈교육심리학 도식〉

교육심리

발달 — 인지 성격 도덕성
개인차 — 지능 창의성 특수 학습자
학습이론 — 행동주의 인지주의 구성주의
동기,교수학습 — 동기 교수학습이론 협동학습

[도식을 바탕으로 생성한 '교육심리학' 이야기]

"교육심리에서 제일 먼저 다루는 주제는 '발달'이야. 학습자의 인지, 성격, 도덕성이 어떻게 발달되는지를 알아야 교육자로서 발달의 결정적 시기를 놓치지 않고 주요과업을 이루는 데 조력하겠지?

하지만 발달에는 '개인차'가 있을 수밖에 없어. 쌍둥이가 아닌 이상 유전자가 다르고 발달속도나 발달정도에서 차이가 나는 거야. 그 차이는 대표적으로 지능과 창의성, 정서와 같은 요소에서 나타날 것이고 극단적이면 영재와 지적, 학습장애 학생으로 나뉘겠지.

어쨌든 이런 학생들은 모두 학습을 할 수 있다는 거야. 어떤 메커니즘을 거쳐서 학습이 일어나는지를 연구하는 학문이 바로 '학습이론'이고 관점에 따라 행동주의, 인지주의, 구성주의 등의 이론으로 나뉘지.

반면 교육자 입장에서는 가르침을 다루는 '교수이론'도 알아야 해. 다양한 교수전략과 기술, 협동학습을 이용하면 학생의 능동적 참여와 학습 효과를 높일 수 있으니까. **이렇게 보면 교육심리도 각각 별개의 단원과 주제로 독립된 학문이 아닌** '발달과 개인차를 고려하여 적절한 교수·학습 전략을 수업에 적용하는 학문'**으로 이해하면 되겠구나!"**

- 제작 방법

① 시기

마인드맵 제작은 공부를 하기 전, 중, 후 모두 가능하다. 공부를 하기 전에 마인드맵을 만드는 이유는 미리 단원 내 대주제 및 소주제를 파악하기 위함이며, 공부를 하고 있는 중간에 마인드맵을 그리는 것은 내가 공부하고 있는 개념이 이 단원 내에서 어떤 위치와 의미를 갖는지 생각해 보기 위해서다. 공부를 마치고 마인드맵을 그리는 것은 방금 전 어떤 개념들을 공부했는지, 개념 간 관계 및 전체적인 구조는 어떻게 이루어졌는지 확인하기 위해서다. 공부 전, 중, 후 매번 마인드맵을 만들 필요는 없으며 마인드맵의 목적이나 본인의 공부 리듬을 고려했을 때 괜찮은 시기를 선택하여 마인드맵을 만들면 된다.

공부를 하기 전에 마인드맵을 만들고 싶다면 책을 보면서 단원명, 대주제, 소주제 및 그에 속한 개념들을 파악한 후 5~10분 정도 시간을 들여 만들면 된다. 공부를 하는 도중이나 공부를 마치고 나서 마인드맵을 그린다면 가능하면 책을 보지 않고 연필로라도 마인드맵을 그려 볼 것을 권한다. 책을 보면서 그대로 따라 적으면 인출 능력 향상에 도움이 되지 않는다. 쥐어짜내는 느낌이라도 일단 연필로 적어 보고 틀린 부분이나 미처 생각하지 못한 부분은 채워 넣는 식으로 만들어 보자. 참고로 공부한 모든 내용을 다 구조로 잡지 않아도 된다. 기출개념 위주로만 간단히 그리자.

② 내용

마인드맵을 만들 때 무엇을, 얼마나 세밀하게 적어야 하는지 고민하는 친구들이 있는데 우선 '무엇' 측면부터 얘기하자면 마인드맵을 만들 때는 모든 단원을, 그리고 단원의 모든 내용을 다 가지로 그릴 필요는 없다. 시험에 나오는 단원과 내용 위주로만 마인드맵을 그리면 된다.

그럼 시험에 나오는 단원과 내용은 어떻게 알 수 있는 걸까? 답은 '기출분석'이다. 기출분석을 하면 각 과목마다 어떤 단원이, 어떤 개념이 시험에 출제되는지 서서히 보인다. 만약 기출분석을 아직 하지 않아 무엇을 적어야 할지 잘 모르겠다면, 상식적으로 생각해 볼 때 시험에 적합하지 않은 주제와 개념을 제외하면 된다. 정 감이 잡히지 않으면 강사 교재(수험서)의 목차나 마인드맵을 참고하도록 하자.

다음으로 어느 수준까지 적어야 하는지도 살펴보자. 어떤 사람은 개념의 명칭만 적어도 되는 것인지 아니면 개념을 설명하는 키워드도 세세하게 적어야 하는지 고민하는데 이건 공부 시기마다, 목적마다 다르게 접근하면 된다.

1~2회독 시기라면 마인드맵을 그릴 때 개념의 명칭 정도만 적으면 된다. 가령 교육심리학을 큰 주제로 삼고 마인드맵을 만드는 과정에서 비고츠키 이론에 대해 세부적으로 더 가지를 쳐 나가고 싶다면 '실제적 발달수준', '잠재적 발달수준', '근접발달영역'처럼 각 개념의 명칭 정도까지만 적으면 된다는 소리다. 이 시기에는 각 과목마다 단원, 주제, 개념 간 관계와 구조를 파악하는 것이 주 목적이므로 간단하게 명칭만 적어도 괜찮다. 아직 기출분석이 덜 됐을 시기이기도 하므로 개념을 설명하는 핵심 키워드까지 붙이는 건 미뤄도 된다.

반면 3~4회독 시기고 기출분석도 했다면 각 개념마다 그 개념을 설명하는 핵심 키워드가 무엇인지 보일 것이다. 이때는 마인드맵에 개념의 명칭과 함께 그 옆에 그 개념을 대표하는 핵심 키워드 2~3개 정도를 넣으면 된다. 마인드맵은 서브노트가 아니므로 개념마다 키워드를 다 적을 필요는 없고 본인이 필요하다 싶은 것만 적으면 된다.

③ 메가 마인드맵

하루 단위로 마인드맵을 만들었다면 주말에 시간을 내서 그 마인드맵들을 통합해 보는 시간도 가져 보자. 나는 자칭 이 방법을 '메가 마인드맵'이라 한다. 이렇게 메가 마인드맵을 만들면 한 주간 공부하면서 무엇들을 공부했었는지 전반적으로 쭉 훑어볼 수도 있고 매일 공부한 내용을 하나의 커다란 도식으로 머릿속에 정리할 수 있기에 과목 전체에 대한 흐름이 잡힌다.

메가 마인드맵은 한 주간 공부한 내용을 통합해야 하기 때문에 지면을 꽤 차지하게 된다. 그래서 필자는 스케치북을 활용했었다. 2절지, 4절지 등을 쓸 수도 있겠지만 휴대와 보관이 용이한 스케치북을 사용했었다. 이렇게 만든 메가 마인드맵은 잘 보관해 놨다가 다음 회기에 사용하면 공부했던 내용을 불러일으키는 데 도움이 되고, 더 정교하게 마인드맵을 만들거나 서브노트 및 인출리스트를 만들 때 준거 자료로 활용할 수 있다.

④ 마인드맵 도구

마지막으로 마인드맵을 어떤 도구로 만드는지 묻는 수험생도 있는데 본인이 직접 손으로 그리는 게 편하면 그렇게 해도 되고, 더 깔끔하게 프로그램으로 작성하고 싶다면 'Xmind', '알마인드', 'ThinkWise', 'FreeMind' 등의 프로그램을 활용하면 된다. 인터넷으로 검색하면 더 다양한 프로그램을 찾을 수 있을 것이다.

- 활용 방법

마인드맵은 제작과 활용에 각각 50%의 가치를 지니고 있다. 만들어 놓고도 제대로 활용하지 않으면 마인드맵의 가치를 100% 누리지 못하는 것이다. 가치를 제대로 활용하려면 만들어 놓고 봐야 한다. 그래야 그 마인드맵 구조를 머릿속에 담을 수 있다.

그럼 언제 보면 될까? 틈틈이 시간이 날 때마다! 쉬는 시간, 이동 시간, 식사 시간 등의 자투리 시간 및 다음 날 아침 시간에 마인드맵 내용을 떠올려 보자. 내가 적었지만 다시 떠올리려고 하면 앞이 캄캄할 것이다. 괜찮다. 누구나 다 그렇게 시작하니까. 생각이 나는 것도 있고, 생각이 나지 않는 것도 있을 것이다. 그럼 생각나지 않는 부분만 마인드맵을 보면서 확인하면 된다.

연습장이나 메모장에 마인드맵을 만들었다면 들고 다니면서 수시로 확인하면 되고, 들고 다니기 귀찮다면 핸드폰으로 찍어 놓고 봐도 되는데 자칫 핸드폰을 하다가 SNS, 기사 검색까지 덩달아 하지 않도록 유의하자.

주말에는 한 주간 공부하면서 만들었던 일간 마인드맵을 통합하여 메가 마인드맵을 만드는 것이 복습 측면에서도, 인출 측면에서도 효과가 있다고 했었다. 이렇게 메가 마인드맵을 만들어 놓고 스터디를 가기 전 한 번 훑어보기만 해도 남들과는 다른 인출량에 스터디원의 부러움을 한 몸에 받을 수 있을 것이다.

한눈에 정리하기

인 출	**1. 인출은 왜 어렵게만 느껴지는 걸까?**	• 주입식 공부 환경 • 벼락치기식 공부 습관 • 암기식 공부 태도
	2. 기본 인출 전략	• 인출 오해 조심하기 • 인출 연습 시간 확보 • 인출은 언제, 어디서든 가능하다 • 좁게 - 넓게 - 좁게
	3. 실전 인출 전략	• 인출 시스템 구축 　- 당일 틈틈이 　- 고정 시간에 　- 다음 날 아침 　- 주말에 • 문제 활용하기 　- 직접 문제 만들기 　- 기출문제로 인출 연습 　- 강사 문제 활용 • 백지쓰기 　- 입문 → 가벼운 마음으로 일기 쓰듯이 　- 중급 → 선인출 　- 고급 → 인출 리스트 • 마인드맵 　- 제작 이유 　- 제작 방법 　- 활용 방법

함께 풀어 봐요, 너와 나의 연결 고민

Q. 매일 공부를 조금씩 해도 오늘 공부한 걸 떠올려 보면 오늘 무슨 공부를 했나…… 생각이 안 나요 ㅠㅠ

- ping****님

A. 하루 동안 공부한 내용을 특정 시점에 한꺼번에 인출하려니 잘 안 되는 겁니다. 인출을 잘 하려면 인출시스템을 갖춰야 합니다. 1시간 동안 공부를 했으면 책을 바로 덮고 핸드폰 보면서 딴 세상으로 가지 마시고 5분만이라도 방금 전 무엇을 공부했는지 떠올려 보세요. 마찬가지로 오전 공부를 끝냈으면 점심 먹으러 가는 길이나 점심 먹으면서 오전에 무엇을 공부했는지 생각해 보시고요. 이렇게 인출 시스템을 갖춰 틈틈이 인출을 해 봐야 선생님이 원하는 수준에 다다를 수 있어요.

만약 인출이 너무 어렵게 느껴진다면 마인드맵의 도움을 받을 수도 있어요. 공부를 하기 전, 중, 후 편한 때를 선택하여 마인드맵을 간단히 만들어 놓고 인출 시 생각이 나지 않을 때 살짝 참고하면 인출이 조금은 더 쉽게 느껴질 겁니다.

Q. 책 내용은 아는 데 서술형을 쓴다거나 말을 할 때 자꾸 꼬여요. 체계화의 문제인가요? 해결방법은 쓰면서 외워야 하나요? 인출이 늦고요. 오늘 공부하면서도 말이 헛나와서 ㅠㅠ 좌절했어요. 공부할 때는 다른 사람과 비교하거나 나를 너무 낮게 보면 안 되는데 자꾸 평가하게 되네요. 고칠 방법이 없을까요?

- pizz****님

A. 두 가지 문제를 짚어 볼 수 있겠습니다. 첫째는 과목별 구조화의 문제, 둘째는 핵심 키워드 선정 및 암기의 문제입니다. 개념을 정확히 인출하려면 우선적으로 각 과목별로 구조를 잘 잡고 있어야 합니다. 구조가 잡혀야 비슷해 보이는 개념을 혼동하지 않거든요. 구조를 잡으려면 과목별로, 단원별로 마인드맵(목차)을 만들어 볼 것을 권해 봅니다.

한편 개념을 서술하거나 말할 때 정확하려면 핵심 키워드를 선정하여 암기&인출 연습하는 과정이 뒷받침되어야 합니다. 개념 이해와 개념 인출은 서로 다른 별개의 과정으로 접근하셔야 돼요. 개념을 공부하며 이해했어도 즉각적으로 선인출해 보며 어떤 핵심 키워드를 놓치거나 비슷하게 표현했는지 확인해 봐야 하고요. 점점 핵심 키워드와 가깝게 인출할 수 있도록 다듬는 연습을 하다 보면 인출능력이 자연스럽게 향상될 겁니다.

그러니 지금 당장 내 눈앞의 경쟁자와 비교하지 말고요. 어제의, 일주일 전의, 한 달 전의 나와 비교하며 향상된 인출 능력에 만족감을 느끼다 보면 어느덧 인출왕이 되어 있을 겁니다.

A. 시기에 따라 다릅니다. 1~4월이라면 각 과목마다 단원, 주제, 개념의 명칭 정도만 인출해 봐도 좋지만 5월부터는 서서히 개념에 대한 세부 사항(정의, 장·단점, 단계, 특징 등)을 핵심 키워드로 인출해 보는 연습을 하는 것이 맞습니다. 단, 시간이 너무 많이 걸린다면 세부 사항 중 일부만 선정해 인출해 보거나 백지쓰기 대신 말로 내뱉어 보면서 개념을 설명할 수 있는지 확인하면 됩니다. 7~9월부터는 각 과목별로 인출 체크리스트를 만들어 놓고 선인출로 암기가 덜 된 부분이 어딘지 찾아 그 부분을 집중적으로 재암기하면서 마무리를 하면 됩니다.

Q. 시험이 한 달 정도 남아서 누적 암기를 진행하려고 합니다. 예
를 들면 1일차에 10개 주제를 암기했다면 2일차에는 1일차 암
기 확인+당일 10개 주제 암기, 3일차에는 1, 2일차 암기 확인+
당일 10개 주제 암기하는 식입니다. 암기 원칙은 2일차 때 1일
차 내용을 완벽하게 다시 인출했을 때 그날 외워야 할 10개 주
제를 더 외우는 것입니다. 만약 인출이 되지 않는다면 2일차 때
외워야 할 분량을 좀 더 줄이고 1일차 암기를 완벽하게 다지는
것인데 괜찮을까요?

- kjat****님

A. 누적식 암기방법이군요. 이 과정 자체는 좋습니다. 다만 우리는 영어
단어를 외우는 것이 아니라 여러 설명으로 가득 찬 개념을 외우는 것이
므로 융통성을 가질 필요가 있습니다. 가령 꼭 전날 암기한 내용을 완
벽하게 인출했을 때만 당일 주제를 암기할 것이 아니라 70~80% 이상
외웠다면 당일 주제로 넘어가는 방식이면 좋을 것 같습니다. 지나친 완
벽성을 추구하다 보면 효율이 떨어지더라고요.

선생님과 비슷한 암기 방식을 사용하셨지만 살짝 변형하여 합격하신
선생님 사례를 소개해 드릴게요. 그 선생님께서는 3일을 기점으로 암
기 주제를 바꿨다고 합니다. 예를 들어, 월요일에 10개를 암기했다면
그렇게 암기한 것들을 화요일, 수요일까지만 암기&인출 대상으로 삼은
것이죠. 마찬가지로 화요일 암기한 것은 수요일, 목요일까지만 암기&
인출 대상으로 삼은 것이고요. 저는 이 선생님의 말을 듣고 참 현명하
다는 생각이 들었습니다. 우리가 외우는 개념은 영어 단어와 같이 정보
가 적지 않기 때문에 암기 주기를 현실에 맞게 조정한 것이죠.

덧붙여 이 글을 읽는 독자들을 위해 첨언하자면 이 누적식 암기는 공부 초기에는 비추입니다. 그저 인출 시스템을 갖춰 시간 날 때마다 틈틈이 암기&인출하는 습관을 들이는 것만으로도 충분해요. 아직 개념마다 이해도도 낮고 핵심 키워드가 무엇인지도 모르는 상태이기 때문에 암기를 누적시켜 가면서 진행하기가 어려워요. 그러니 적어도 7월 전까지는 개념 이해, 기출분석, 핵심키워드 선정에 초점을 맞추면 되고, 누적식 암기를 하고 싶다면 7월 이후에 진행하면 됩니다. 그리고 이 누적식 암기법도 선택 사항이지 의무는 아닙니다. 누구에게는 맞을 수도 있지만 또 어떤 누구에게는 안 맞을 수도 있어요. 합격에는 여러 가지 방법이 있으니 꼭 이 방법만을 고수할 필요는 없습니다.

Q. 주제 하나를 크게 던져 주고 그 안에 포함된 개념들을 설명하려고 하면 기본적인 내용이 떠오르긴 하는데 종이 위에 글로 못 적겠어요. 어렴풋이 아는 상태라고나 할까요? 백지쓰기가 정말 안 돼요. 이 문제점은 서브노트 내용 정리를 반복했긴 했지만 암기를 등한시한 것 때문이겠죠?

- jooy****님

A. 선생님께서 문제를 정확히 파악하셨네요. 서브노트 내용 정리를 반복한다고 개념이 저절로 외워지는 건 아니죠. 인출을 잘 하려면 뭐라도 외운 게 있어야 합니다. 그런데 인출이라는 게 무작정 암기만 한다고 잘 되는 것은 또 아닙니다. 기계적으로 외우면 처음에는 암기량이 늘어나는 것 같지만 어느 시점에 다다르면 암기량이 더 증가하지 않고 계속

잊어버리게 되는 한계점을 맞이하게 됩니다. 따라서 저는 선생님께 '선
(先)인출' 암기법을 권해드리고 싶습니다.

암기를 잘 하고 싶다면 무작정 먼저 서브노트 내용을 외우지 마시고, 내
가 그 개념에 관해 얼마나 키워드로 인출할 수 있는지부터 확인해 보세
요. 선(先)인출을 해 보면 어떤 키워드나 문장이 내 머릿속 장기기억으
로 자리 잡혔는지를 확인할 수 있습니다. 그 키워드나 문장은 나중에도
인출할 가능성이 높으므로 그 외의 키워드나 문장 암기에 집중하면 효
율적으로 암기할 수 있습니다. 또한 장기기억된 지식을 바탕으로 아직
외우지 못한 지식들을 유의미하게 연결하면 더 오래 기억을 유지할 수
있으므로 이 책의 '암기', '인출'편에서 다룬 선인출 전략을 꼼꼼히 읽어
보시고 그 전략을 선생님 것으로 만들어 보세요.

Q. 어떤 설명을 보면 그 개념이 무엇인지 알고 그에 해당하는 용어
나 키워드를 적을 수 있지만, 그 용어를 설명하려고 하면 아는
내용을 머릿속에서 끄집어 내지 못합니다. 그렇다 보니 시험을
보게 되면 공부한 만큼 점수가 안 나옵니다. 어떤 방식으로 인
출능력을 끌어올려야 할까요??

- yhks*****님

A. 개념의 명칭은 쓸 수 있으나 개념의 세부 내용은 쓰기가 어렵다는 것이
죠? 이건 개념 표현 연습이 부족해서 그렇습니다. 이는 세 가지 문제점
에서 비롯된 현상인데요. 첫째, 각 개념마다 핵심 키워드를 선정하지
못한 점, 둘째, 핵심 키워드를 암기하지 못한 점, 셋째, 핵심 키워드를

인출 연습하지 못한 점 때문입니다.

이 세 가지 문제를 해결하려면 제일 첫 단추인 '핵심 키워드' 선정부터 다시 신경을 써야 합니다. 기출분석을 통해 기출개념(이론) 내에서도 시험으로 출제한 포인트, 즉 기출포인트를 분명히 파악하여 각 포인트마다 핵심 키워드를 추출하여 암기해야 하고요. 인출 연습을 할 때는 암기하고 즉각 인출하는 방식이 아니라 먼저 인출부터 하고 조금이라도 외운 키워드가 무엇인지 확인한 후, 그 외의 나머지 키워드를 기존 키워드와 연결하거나 암기하는 방식으로 진행해 나가야 합니다. 인출 연습은 인출 시스템을 구축해서 꼭 습관화하셔야 하고요. 키워드 선정, 암기, 인출을 별개의 과정으로 생각하고 접근해야 개념 표현력을 높일 수 있습니다.

논술 작성

성공하고 싶다면 당신이 원하는 성과를
이미 얻은 다른 사람을 찾아보라.
그들이 행동한 대로 따라 하면
비슷한 결과를 얻을 수 있다.

- 앤서니 로빈스 -

논술
작성

1. 어서 와!
논술은 처음이지?

2. 부담 없이 시작하자!
첫 논술 연습

- 일기처럼 써보기
- 베껴 쓰기
- 나눠 쓰기

3. 실전 작성 요령

- 답안 작성 기본 요령
- 본론에 힘을 쏟자
  - 가짓수 파악하기
  - 주제, 지문, 조건 활용하기
- 논점 분석
  - 임용에서의 논점분석
  - 논점분석을 제대로 해야 하는 이유
  - 논점분석 능력을 키우려면?
    - → 강사에만 의존X
    - → 도식 형성하기
    - → 우수 답안과 비교
    - → 지문과 조건을 꼼꼼히 확인
- 쥐어 짜내서라도 써보기

4. 서론과 결론은?

- 만능틀 준비하기

1) 어서 와! 논술은 처음이지?

    미리부터 걱정을 쌓고 사는 성격이어서 그런지 필자는 임용을 준비할 때 무엇보다도 '논술'이 가장 걱정이었다. 대학교 3학년 2학기 초였던 걸로 기억한다. 선배 및 전공 카페 정보를 통해 서서히 임용시험 출제방식을 알아가던 찰나 2차 시험은 오로지 논술이라는 것을 확인한 순간(그때는 1차 객관식, 2차 전공 논술, 3차 수업실연 및 면접이었다) 등골이 서늘해졌다. 평소 글도 잘 못 쓸 뿐더러 글씨도 삐뚤빼뚤해서 누가 내 글을 보는 것 자체가 창피했었는데 논술이라니! 논리적이고 체계적이고 정갈하게 근거를 제시해 가며 조목조목 쓰는 논술을 내가 과연 준비할 수 있을까?

어림도 없어 보였다.

    한 주 정도 패닉 상태에 빠졌었던 것 같다. 어릴 때부터 논술학원이나 웅변학원을 다녀본 적도 없기에 내 생각을 조리 있게 논리적으로 표현한다는 것 자체가 무척이나 부담됐다. 타고난 성격 탓인지는 몰라도 남들 앞에서 내 주장을 당당하게 펼치는 것도, 호소력 있는 글로 독자를 끌어당기는 것도 나오는 거리가 먼 얘기였다. 그저 친구들과 농담이나 하면서 유쾌하게 하루를 보내는 게 내 언어 사용의 전부였는데…… 이런 내가 논술을 써야 한다니! 논술에선 농담을 적을 수도 없지 않은가? 개념을 이해하고 암기하는 것조차 버거운데 과연 글로 잘 풀어 쓸 수 있을까? 하는 걱정이 1주 내내 나를 괴롭혔던 것 같다.

물론 티는 안 냈다. 그럼 더 없어 보이니까. 평소 학과 시험은 암기로 똘똘 무장한 채 문장력은 고사하고 외운 것만 쭉쭉 적어 내도 점수엔 지장이 없었지만 당장 내년에 다가올 임용시험에 대비하려면 논술에 대한 특단의 조치가 필요해 보였다. 그래서 가장 먼저 실행에 옮긴 것이 '신문 사설' 읽기였다. 예전 어디서 주워들은 게 있어선지 신문 사설을 읽으면 논술을 작성하는 데 도움이 될 줄 알았다. 글씨체 교정책도 구매를 했다. 내가 봐도 내 글씨체는 예쁘지 않음을 알기에 교정책에 있는 예제대로 또박또박 글씨를 써 보는 연습도 했다. 하지만 직감이라는 게 있는 법. 이런 연습들이 과연 임용논술을 준비하는 데 근본적인 해결책이 될까라는 의문이 들었다.

학교에서도 논술 과목을 개설해 주었지만 논술의 기초개념 정도나 배웠지 실제 임용을 준비하는 데 큰 도움은 되지 못했다. 학과 공부를 병행하며 나름 여러 가지를 시도해 봤지만 시간은 흘러 어느덧 겨울방학을 맞이하고 있었다. 논술 준비에 대한 뾰족한 방법을 찾지 못하고 시간만 보낸 것 같아 더욱 불안한 마음이 가득했던 찰나, 혹시라도 임용논술에 도움이 될 만한 책이 있나 대학 도서관을 기웃거렸다. 정말 혹시나 하는 마음에 갔는데 이게 웬걸. 일반 논술도 아니고 임용논술에 최적화된 전략책이 있었으니 바로『윤승현 PLUS 전공논술』이 떡하니 나를 맞이하고 있었던 게 아닌가.

책을 펼치는 순간 내가 원하는 정보들이 빼곡히 담겨 있었다. 문장은 어떻게 작성해야 하는지, 자주 틀리는 맞춤법은 무엇인지, 개요는 어떻게 짜는 것인지 등등. 그중에서도 정말 놀랐던 사실은 해당 문항의 점수에 따라 글의 분량을 정하면 된다는 것과 논점이 어긋나 버리면 아무리 많이 써도 점수를 제대로 받을 수 없으니 논점 분석에 만전을 다해야 한다는 점이었다.

사실 그 전까지 나는 '글'이란 써지는 만큼 분량이 정해지는 것이고, "생각나는 대로 그럴듯하게 써 내면 점수는 알아서 주겠지."라는 다소 둥글둥글하면서도 위험한 사고를 갖고 있었다. 하지만 그 책에서는 글의 분량도 문제의 배점에 맞게 나눠야 하고 논점도 분명히 파악하여 출제자가 '원하는' 답을 적어야 한다고 직언해 줬다.

앞에서 언급한 논술책의 최근 개정판이다(2013년 6월 출판). 지금 봐도 논술 초보에겐 기초와 실전감각을 익히기에 내용이 괜찮다고 느낀다. 이 책 말고도 김인식 교육학 논술 교재를 보면 책 앞 부분에 간단한 논술 전략들을 실어 놓고 있으니 논술이 막막하다면 참고하기 바란다.

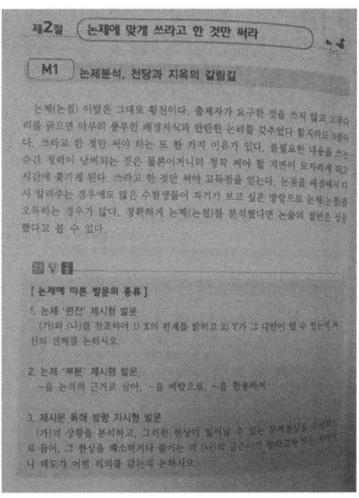

지금은 이 책 말고도 논술 작성에 대한 여러 책들이 출간됐겠지만 그 당시에는 이 책이 임용논술 작성에 대한 유일무이한 책이었다. 그 당시 나는 이 한 권의 책으로 천군만마를 얻은 느낌이었다. 논술이 내겐 아킬레스건과도 같은 약점이었는데 이 책만 잘 소화하면 남들보다 월등하지는 못할지라도 비슷한 수준으로는 따라갈 수 있을 것이라는 생각이 들었고, 실제로 이때부터 논술에 대한 자신감을 바탕으로 본격적인 논술 연습을 시작할 수 있었다.

　　그러니 독자들도 임용논술에 대한 감이 전혀 없다면 위와 같은 임용논술 전략에 대한 책을 읽어 볼 것을 권한다. 어떻게 접근하고 서술해 나가면 되는지, 주의할 점은 무엇인지 알 수 있기에 논술에 대한 막연한 두려움을 걷어낼 수 있을 것이다.

2) 부담 없이 시작하자! 첫 논술 연습

처음부터 완벽한 답안 작성을 목표로 논술 연습을 해야겠다고 마음먹지 않아도 된다. 그러면 시작조차 힘들다. 글쓰기 초보라면 다음과 같은 방법들을 사용해 보며 일단 논술과 친해져 보자.

(1) 일기처럼 써 보기

부담 없이 논술 연습을 시작하고 싶다면 하루 동안 공부한 개념 몇 가지를 골라 일기 쓰듯이 편하게 써 보자. 논술이 어려운 이유는 여러 가지가 있겠지만 그중 하나를 꼽자면 머릿속에 있는 개념을 언어로 표현하는 것이 익숙하지 않아서일 수도 있다. 그림을 잘 그리려면 평소 사물을 주의 깊게 관찰하고 많이 그려 봐야 하듯이, 글을 잘 쓰려면 공부한 개념을 떠올려 보고 그 특징이나 세부 내용을 종이에 적어 보는 연습을 해야 한다.

서론, 본론, 결론과 같은 논술 형식을 배제하고 그저 생각나는 대로 쭉쭉 적어 보면 된다. 하루 20분 정도만 투자하면 된다. 이렇게 일기처럼 개념을 적다 보면 이해는 한 것 같은데 글로 표현하지 못한 부분이 어딘지 확인할 수 있게 된다. 뿐만 아니라 머릿속에만 있었던 개념을 글로 표현하기 때문에 객관적으로 어떤 부분에서 오개념을 갖고 있는지도 확인할 수 있다.

글로 적어 봤다면 교재를 다시 보면서 머릿속에는 맴돌았지만 표현하지 못한 부분이 어딘지, 그리고 그 부분을 정확히 표현하려면 어떤 핵심 단어를 사용해야 하는지 확인해 보자. 확인을 했다면 그 단어를 사용하여 다시 개념을 글로 써 보면 된다. 이렇게 연습하다 보면 개념에 대한 언어 표현력이 점차 늘어나 논술에 대한 두려움이 조금씩 사라지게 된다.

(2) 베껴 쓰기

일기 쓰기로 개념을 글로 표현하는 것은 익숙해졌어도 막상 논술 문제를 받아 보면 당황스러운 기색을 감출 수 없게 된다. 문제를 읽었어도 어떤 개념을 적어야 할지 모르겠고, 설령 어떤 개념을 적을지 결정했어도 문제의 주제 및 조건에 맞게 풀어 쓰기가 어려워서다. 이럴 때 가장 좋은 방법이 있으니 바로 '베껴 쓰기!'

무슨 일이든 처음부터 잘 하는 사람이 어디 있겠는가. 어떻게 논술을 쓰면 좋을지 감이 안 잡힌다면 일단 잘 쓴 사람의 글을 구해 그 사람은 어떻게 썼는지 확인해 보자. 요즘은 인터넷으로 조금만 검색해 봐도 학원 강사들의 기출문제 모범답안을 쉽게 구할 수 있고 개인 블로그에서도 합격생 및 우수 작성자들의 답안을 구할 수 있다.

자료들을 찾았다면 그들은 어떻게 썼는지 확인해 보자. 서론과 결론은 어떻게 시작하여 끝맺음 했는지, 본론은 어떤 논리와 체계에 따라 써 내려 갔는지, 논술 주제와 서·본·결론은 어떻게 연계시켰는지 하나하나 뜯어서 보면 된다. 그리고 그대로 베껴 써 보는 거다.

물론 베껴 쓰기만 한다고 논술 실력이 저절로 느는 것은 아니다. 처음 몇 번 정도는 베껴 써 보며 논술 감각을 익히더라도 그 후부터는 본인이 온전히 쓸 수 있는 부분은 쓰되, 정말 어렵다고 여겨지는 부분만 베껴 써야 실력을 높일 수 있다. 예를 들어, 교육학 논술은 보통 4개의 문항으로 이루어져 있는데 이 중 2가지 문항을 서술하기 어렵다면 이 부분만 우수 작성자의 답안을 베껴 써 보며 표현 방식을 익히면 된다.

베껴 쓰기의 마지막 관문은 셀프 첨삭이다. 표현 방식까지 대강 익혀봤다면 이제는 어려운 문제든, 쉬운 문제든 일단 본인이 먼저 답안을 작성해 보고 우수자들의 모범 답안과 비교하며 셀프첨삭을 진행하면 된다. 어떤 부분에서 나보다 더 논리적으로 깔끔하게 서술했는지를 참고하여 그 부분을 고쳐서 다시 써 봐야 논술 실력을 향상시킬 수 있다.

(3) 나눠 쓰기

교육학 논술 문제는 크게 한 문제지만 그 안에 속한 문항은 서로 다른 네 영역의 문항으로 구성되어 있고 각각의 문항도 최소 2개부터 4개의 소문항으로 이루어졌기 때문에 적게는 8개부터 많게는 16개의 내용을 답안으로 작성해야 한다.

만약 논술 초보라서 한 번에 이렇게 많은 내용을 적기가 부담스럽다면 한 문항만이라도 떼서 써 보길 추천한다. 가령 이번 주에 교육심리를 공부했다면 여태까지의 교육학 논술 기출문제를 보면서 '교육심리'에 해당하는 문항이 있는지 찾고 그 부분만이라도 논술을 써 보는 것이다. 서론, 결론을 작성할 여력도 없다면 포차 다 떼고 그냥 본론만이라도 쓰면 된다.

일반적으로 사람은 무엇인가를 통째로 줬을 때 상당한 부담감을 느끼지만 그것을 잘게 나눠서 주면 곧잘 실행에 옮기는 데는 능한 편이다. 혼자서 공부하는 수험생일수록 막연한 나머지 논술 연습을 끝끝내 미루다가 시험장에 가서야 써 보는 친구들이 있는데 그 친구들에게 이 방법을 권한다. 나눠서라도 쓰기!

논술 문제를 나눠 쓰면 시간도 적게 걸린다. 한 문항만 떼서 써 보면 되기 때문에 15분이면 쓴다. 이렇게 각 영역별로 문제를 분절하여 쓰면서 모든 영역을 다 끝내면 결국 연도별로 논술 한 문제씩을 풀어 본 셈이 된다. 물론 나눠 쓰기 때문에 서론, 본론, 결론과 논술주제를 연결하여 쓰기는 어려우니 나눠쓰기로 모든 영역을 다뤄 봤다면 연도별로도 통째로 써 보는 연습을 해야 한다.

처음부터 생각만큼 잘 안 된다고 펜을 집어 던지거나 종이를 구겨 버리지는 말자. 아기들도 태어나서 말을 곧잘 하는 게 아니라 최소 2년 정도는 더듬으며 말을 익혀 나가듯, 우리도 처음엔 서투를지라도 개념을 글로 표현하는 것에 적응하고 익숙해져야 한다. 모든 것은 순서와 단계가 있다는 것을 명심하고 논술은 앞의 방법들로 스타트를 끊어 보자!

3) 실전 작성 요령

(1) 답안 작성 기본 요령

논술은 기본적으로 서론, 본론, 결론을 갖춰 작성해야 하는 글이라는 것은 임용고시를 준비하는 수험생이라면 다들 알고 있을 것이다. 교육학 논술은 여기에 한 가지 조건을 더 추가해야 하는데 바로 발문에서 제시한 '주제'와의 연결이다. 교육학 논술 문제를 보면 항상 발문에 '주제'가 제시되어 있다. 이 '주제'를 서론, 본론, 결론과 매끄럽게 연계해서 써야 논술의 구성점수 3점을 온전히 받을 수 있다.

그럼 서론, 본론, 결론 각각에 대해 좀 더 자세히 알아보도록 하자. 서론은 글의 첫인상이자 글의 첫 단추다. 이 첫 단추를 잘 꿰어야 본론과 결론까지 매끄럽게 글이 진행될 수 있는데, 사실 그래서인지 수험생들은 서론에 꽤나 부담을 가진다. 하지만 걱정하지 말자. 교육학 논술은 일반적인 논술과는 달리 서론에 대한 배점이 1점 내외로 지극히 적다. 그저 주어진 '주제'와 연계하여 그럴듯하게 적기만 하면 통과이므로 부담을 가지지 않아도 된다. 또한 언제 어디서든 어떤 주제와 연결할 수 있는 '만능틀'을 준비하면

서론 작성도 고민할 필요 없이 순식간에 끝낼 수 있다. '만능틀'과 관련해서는 뒤에서 더 자세히 다루도록 하겠다.

본론은 논술문의 중심 내용이 담기는 부분이다. 본론에서 가장 중요한 요소는 '논점 분석'인데 수험생들은 출제자들이 원하는 논제 방향을 지문 속에서 정확히 찾아 본론을 작성해야 한다. 논점이 어긋난 채로 열심히 답을 적어 봤자 채점이 되지 않으니 이 점을 유의하며 본론 작성 연습을 해야 한다.

교육학 논술은 크게 네 문항으로 이루어져 있고 각 문항마다 2~3개의 소문항으로 나뉜다. 따라서 본론을 전개할 때는 각 문항에 대한 답안이 구분될 수 있도록 작성해야 읽는 입장에서 보기 편한데, 우선 큰 문항들은 들여쓰기로 단락 구분을 하면 된다. 그리고 각 문항에 속하는 작은 문항들은 '첫째, 둘째, 셋째'식으로 구분을 지어 전개해 나가면 된다. 아래 샘플을 참고하기 바란다.

[2018학년도 교육학 논술 'PBL'에 대한 본론 가답안 샘플]

교육과정을 개발했다면 교사는 교육과정을 자연스럽게 녹여 수업으로 구현할 수 있어야 한다. 박 교사가 언급한 PBL(문제중심학습)은 학습자의 역할과 문제의 특성이 전체적인 수업의 질을 좌우하므로 특히나 중요하다. 먼저 학습자에게는 크게 2가지 역할이 요구되는데 **첫째**, 자기주도적 학습 태도다. 학생은 문제를 해결함에 있어서 주인의식을 갖고 능동적으로 학습에 참여하여 학습목표 설정 및 학습속도, 학습 진전 여부를 수시로 점검할 수 있어야 한다. **둘째**, 협동학습을 실행해야 한다. PBL에서 다루는 문제는 복잡하고 혼자서 해결하기에는 벅찬 문제이므로 또래와 아이디어를 나누며 여러 가지 해결 방안을 모색할 수 있어야 한다. 학습자의 역할 못지않게 문제의 특성도 중요한데 PBL에 적합한 문제는 비구조화되고 실제적이어야 한다. 이런 문제는 실생활과 밀접한 관련이 있으면서도 정답이 정해져 있지 않아 다양한 해결책을 모색할 수 있는 문제이므로 학생들에게 도전 의식을 불러일으키고 학습 동기와 수업 참여를 유도할 수 있다는 장점을 지닌다. PBL에서 학습자의 역할이 중요하지만 그렇다고 교사는 뒤에서 보고만 있어야 하는 것은 아니다. 학생들이 협동학습 과정 중에 제 역할을 찾아갈 수 있도록 촉진해야 하며, 문제도 학생들의 여러 특성을 반영하는 현실감 있는 문제를 제시함으로써 적극적인 태도를 독려해야 한다.

본론을 작성할 때는 답만 적으면 밋밋한 감을 감출 수 없게 된다. 따라서 본론은 논술 '주제'와 연결되면서도, 지문 내용을 반영하여 논거를 제시함으로써 보다 풍부하면서도 논리적인 답안이라는 것을 보여 줄 수 있어야 한다.

결론은 서·본론에서 쓴 내용을 마무리하는 부분이다. 서·본론과 마찬가지로 논술 '주제'와 연결시켜야 하며, 본론 내용을 간단하게 정리하면 된다. 여기에 미리 만들어 둔 '만능틀'까지 덧붙이면 어디 내놔도 빠지지 않는 괜찮은 결론을 완성할 수 있다.

(2) 본론에 힘을 쏟자

흔히들 '논술' 하면 흡입력 있는 서론이나 당위성 있는 결론을 어떻게 써야 할지부터 걱정하는 사람들이 많은데 임용논술에서는 그 걱정은 내려놓아도 된다. 임용논술은 명문(名文)을 가려내는 시험이 아니다. 출제자들이 미리 정해 놓은 답을 정확히 썼는지를 평가할 뿐이다. 즉, 교육학 논술은 문제의 답에 해당하는 '본론'만 잘 써도 점수를 후하게 받을 수 있는 시험이니 서론과 결론 때문에 크게 걱정하지 말라는 소리다.

[2019학년도 중등 교육학 논술의 배점]

- 논술의 내용[총 15점]
- 논술의 구성 및 표현[총 5점]
  - 서론, 본론, 결론 형식의 구성 및 주제와의 연계성[3점]
  - 표현의 적절성[2점]

배점을 보더라도 본론 내용이 15점이고 그 외 조건은 도합 5점밖에 되지 않는다. 5점에서도 서론과 결론과 관련된 점수는 3점인데, '주제와의 연계성'점수를 뺀다면 결국 서론, 결론 작성 자체에 대한 점수는 1~2점 정도라는 것을 알 수 있다. 그러니 서론, 결론 작성에 크게 부담을 가지지 말자. 형식적으로 써 넣기만 해도 1~2점 정도는 기본적으로 확보할 수 있다.

한편 '표현의 적절성'으로 2점이 배정되어 있는데 이는 답안을 교육학적인 용어로 맞춤법을 지켜가며 작성할 수 있는지를 평가하는 항목이다. 맞춤법은 교직에 입문한 사람이라면 다들 기본은 지킬 것이고 교육학 용어 사용은 암기량에 달려 있으므로 결국 교육학 논술에서 집중적으로 신경 써야 할 부분은 '본론'임을 알 수 있다.

그럼 본론은 어떻게 하면 잘 쓸 수 있는 걸까? 화려한 언변이나 수사적 표현기법을 답안에 녹이면 되는 걸까? 아니다. 그 정도도 필요 없다. 필요한 것은 2가지다. 첫째, 써야 할 가짓수를 지켜 쓰는 것, 둘째, 문제의 주제, 지문, 조건을 활용하여 쓰는 것 이 두 가지만 지켜도 훌륭한 답안을 만들 수 있다.

- 가짓수 파악하기

우선 가짓수부터 얘기해 보자. 논술 작성 시 아주 기초적이지만 가끔씩 실수하는 부분이 바로 이 가짓수 파악인데 가령 눈으로 슥 볼 때는 총 8가지만 써도 될 것 같은데 자세히 보면 총 10가지를 써야 하는, 그래서 2가지를 놓치는 경우가 이 실수 유형에 속한다.

[2018학년도 교육학 논술 문제]

- **논술의 내용[총15점]**
  - 박 교사가 제안하는 워커(D.F.Walker)의 교육과정 개발 모형의 명칭, 이 모형을 교육과정 개발에 적용하는 이유 3가지[4점]
  - 박 교사가 언급하는 PBL(문제중심학습)에서 학습자의 역할 2가지, PBL에 적합한 문제의 특성과 그 특성이 주는 학습 효과 1가지[4점]
  - 박 교사가 제안하는 평가유형의 명칭과 이 유형에서 개인차에 대한 교육적 해석 1가지, 김 교사가 제안하는 2가지 평가유형의 개념[4점]
  - 김 교사가 언급하는 교내장학 유형의 명칭과 개념, 그 활성화 방안 2가지[3점]

- **논술의 구성과 표현[총5점]**
  - 논술은 서론, 본론, 결론으로 구성하고[1점], 주어진 주제와 연계할 것[2점]
  - 표현이 적절할 것

2018학년도 교육학 논술 문제의 내용 및 배점이다. 소문항은 4개지만 각 소문항마다 필요한 답안 가짓수를 자세히 뜯어 보면 말이 달라진다.

㉠ 교육과정 개발 모형의 명칭(1가지), ㉡ 모형 적용 이유 3가지, ㉢ PBL에서 학습자의 역할 2가지, ㉣ PBL에 적합한 문제의 특성(1가지) 및 ㉤ 그 특성이 주는 학습효과(1가지), ㉥ 박교사가 제안한 평가유형의 명칭(1가지), ㉦ 그 유형에서 개인차에 대한 교육적 해석 1가지, ㉧ 김교사가 제안한 2가지 평가유형의 개념(2가지), ㉨ 교내장학 유형의 명칭(1가지), ㉩ 그 장학의 개념(1가지), ㉪ 활성화 방안 2가지로 다 세어 보면 도합 16가지나 된다.

답안지에 16가지 항목을 조목조목 빠트림 없이 나열해야 온전한 점수를 받는 것인데 여기서 잠깐 방심하여 가짓수를 잘못 파악하면 답을 알고 있어도 적지 못한 채로 시험장에서 나오게 된다. 그러므로 논술 문제를 받으면 문제 여백에 답안으로 몇 가지를 써야 하는지부터 적어 놓는 습관부터 들이자. 대충 머릿속으로 세지 말고 영어 문장 독해하듯이 문제를 끊어가며 개수를 정확히 파악해야 한다.

"걱정 마세요. 저는 그런 실수 안 해요."라고 말할 독자들도 있겠지만 시험장에 들어가면 또 달라진다. 극도의 긴장감 때문인지, 아니면 답안 구상에 집중을 너무 많이 해서인지 가장 기본적이고 기초적인 가짓수를 잘못 판단해 점수를 날리는 경우를 심심치 않게 보곤 한다. 그러니 문제를 받으면 꼭 가짓수부터 파악하길 바란다.

또한 논술은 줄글로 쭉쭉 이어 나가는 과정이다 보니 본인의 글에 심취한 나머지 중간에 들어갈 항목 1가지를 놓치기도 하는데, 이를 예방하기 위해 글을 쓰는 동시에 완성한 항목은 가짓수에서 지워 나가는 식으로 중간중간 체크하는 방법을 취하면 된다.

- 주제, 지문, 조건 활용하기

다음으로 '주제, 지문, 조건 활용하기' 차례다. 아래 문제를 보며 발문과 지문 그리고 논술의 주제가 무엇인지부터 살펴보자.

[2018학년도 교육학 논술 문제 일부]

다음은 A중학교 학생들의 학업 특성 조사 결과에 관해 두 교사가 나눈 대화 중 일부이다. 대화 내용을 활용하여 '학생의 다양한 특성을 고려하는 교육'이라는 주제로 논하시오.

박 교사: 선생님, 우리 학교 학생의 학업 특성을 보면 학습흥미와 수업참여 수준이 전반적으로 낮아요. 그리고 학업성취, 학습흥미, 수업참여의 개인차가 크다는 것이 눈에 띄네요.

김 교사: 학생의 개인별 특성이 그만큼 다양하다는 것을 의미하겠죠. 우리 학교 교육과정도 이를 반영해야 하지 않을까요?

박 교사: 그렇습니다. 그런데 교육과정을 개발하는 과정에서 학생의 개인별 특성을 중시하는 의견과 교과를 중시하는 의견 간에 차이가 있습니다. 이를 조율하기 위해서는 시간이 걸리겠지만 적절한 논쟁을 거쳐 합의에 이르는 심사숙고의 과정이 필요합니다.

배점

- **논술의 내용**
  - 박 교사가 제안하는 워커(D.F.Walker)의 교육과정 개발 모형의 명칭, 이 모형을 교육과정 개발에 적용하는 이유 3가지[4점]
- **논술의 구성과 표현**
  - 서론, 본론, 결론으로 구성하고[1점], 주어진 주제와 연계할 것[2점]

'**발문**'은 가장 상단 내용인 '다음은 A중학교 학생들의~ 논하시오'인데 여기에서도 '학생의 다양한 특성을 고려하는 교육'은 논술 '**주제**'에 해당한다. '**지문**'은 박 교사와 김 교사의 대화 내용이며, '**조건**'은 하단 박스에 있는 '박 교사가 제안하는~ 이유 3가지'다.

이러한 주제와 지문, 조건을 본론에 잘 녹여야 답안을 논리적이면서도 풍부하게 작성할 수 있으며 배점에 따른 논술 점수를 온전하게 받을 수 있다. 교육학 논술이 전통적인 논술과는 다르다 하여도 명색이 '논술'에 속하므로 평가자들은 수험생들이 기계적으로 문제에 대한 답만 늘어 놓는 것을 원하지는 않는다. 논술 주제와 본론을 연결할 수 있어야 하며, 조건에 맞게 지문을 근거로 정확한 답을 적기를 원한다. 그렇다면 기계적으로 인출한 답안과 주제, 지문, 조건을 잘 녹여 쓴 답안은 어떤 차이가 있을까?

[기계적 인출 답안 예시]

박 교사가 말한 워커의 교육과정 개발모형 명칭은 숙의모형이며 이 모형을 교육과정 개발에 적용하는 이유는 다음과 같다. 첫째, 실제적으로 교육과정이 어떻게 만들어졌 는지 관찰한 토대로 만들어졌기 때문이다. 둘째, 여러 이해관계를 절충할 수 있어서 다. 셋째, 숙의과정을 통해 합리적인 대안을 검토하며 합의를 도출해 낼 수 있다.

보면 알겠지만 문제에서 묻는 요소를 기계적으로 나열했을 뿐 주제와 지 문 내용은 전혀 활용하지 못했다. 논술 연습이 처음이라면 이 정도로도 훌 륭하지만 중급 이상으로 치고 나가려면 여기서 더 손을 봐 줘야 한다. 명칭 과 이유를 떼서 예시를 보여주도록 하겠다.

[논리적 서술 - 교육과정 모형의 명칭]

(답 제시)박 교사가 제안한 교육과정 모형의 명칭은 '실제적 교육과정 개발모형'이다. (지문 활용)박 교사는 교육과정 개발 시 의견 차이를 조율하고 논쟁을 거쳐 합의에 이 르는 과정을 강조했는데, (논거 제시)이는 토대, 숙의, 설계 단계로 이루어진 워커의 실제적 교육과정 개발모형의 '숙의' 과정을 염두에 둔 발언이라 할 수 있다.

기계적 인출 답안에서는 모형의 명칭만 달랑 서술했지만 논리적 서술 답 안에서는 지문내용을 활용하고 논거도 적어 줬기 때문에 합리적인 답안 느 낌을 심어 줄 수 있다.

다음으로 교육과정 모형을 적용하는 이유도 어떻게 쓰면 좋을지 살펴보자. 외운 내용만 그대로 나열할 게 아니라 논술 주제 및 지문 내용을 답안에 녹여 낼 수 있어야 한다. 그래야 출제자가 제시한 배점(주제와의 연계성)도 확실하게 받을 수 있고, 지문을 토대로 논점 분석을 정확히 했다는 인상을 심어 줄 수도 있다. 또한 답을 적을 땐 암기한 내용 그대로를 복사해서 붙여넣기 식으로 작성하지 말고, 문제 상황과 맥락에 맞게 적절히 수정하거나 보충설명을 덧붙여 자연스러운 문장이 되도록 다듬어 줘야 한다.

[논리적 서술 - 교육과정 모형의 적용 이유]

적용 이유는 다음과 같다. 첫째, 숙의모형은 실제적으로 교육과정이 어떻게 만들어졌는지 면밀히 관찰한 결과로 만든 모형이므로 (보충)**실제 학교 현장에 적용할 때 구현 가능성이 높다.** 둘째, 학교의 (지문내용)**다양한 특성을 지닌 학생들**을 포함하여 교사, 학부모, 교과 전문가들의 의견을 절충하므로 (보충)**교육 공동체 구성원 모두가 만족할 수 있는 교육과정을 운영할 수 있다.** 셋째, 숙의과정을 거쳐 대안을 합리적으로 이끌어 낼 수 있다. (보충)**여러 의견을 주고받으며** (지문내용 반영)**심사숙고 하므로 합리적이고 상황에 최적화된** 대안을 도출해 낼 수 있다. (논술주제와 본론 연결)**교육과정이란 진행형이지 완성형이 아니다. 국가수준 교육과정을 단위 학교 차원으로 환원하려면 학생의 다양한 특성을 포함하여 학교 및 지역사회 환경을 포함한 요소들을 반영할 수 있어야 한다.**

* 내용마다 무조건 보충설명을 달아야 하는 것은 아니다. 억지로 쥐어짜 봤자 나오는 건 한숨뿐이니 본인이 잘 알고 있는 주제 또는 개념일 때 보충 설명을 달아 보자. 또한 보충 설명은 길게 달면 달수록 본인만 힘들어지니 간단하게 1줄 정도로만 적기를 바란다.

한 문제로는 감이 잡히지 않을 수 있으니 주제, 지문, 조건을 반영한 샘플 답안 하나를 더 두고 가겠다.

[2018학년도 교육학 논술 'PBL'에 대한 본론 가답안 샘플]

- **논술의 내용[총15점]**
  - 박 교사가 언급하는 PBL(문제중심학습)에서 학습자의 역할 2가지, PBL에 적합한 문제의 특성과 그 특성이 주는 학습 효과 1가지[4점]

    교육과정을 개발했다면 교사는 교육과정을 자연스럽게 녹여 수업으로 구현할 수 있어야 한다(**앞 내용과 연결**). 박 교사가 언급한 PBL(문제중심학습)은 학습자의 역할과 문제의 특성이 전체적인 수업의 질을 좌우하므로 특히나 중요하다. (답1 제시)먼저 학습자에게는 크게 2가지 역할이 요구되는데 **첫째**, 자기주도적 학습 태도다. 학생은 문제를 해결함에 있어서 주인의식을 갖고 능동적으로 학습에 참여하여 학습목표 설정 및 학습속도, 학습 진전 여부를 수시로 점검할 수 있어야 한다. **둘째**, 협동학습을 실행해야 한다. PBL에서 다루는 문제는 복잡하고 혼자서 해결하기에는 벅찬 문제이므로 또래와 아이디어를 나누며 여러 가지 해결 방안을 모색할 수 있어야 한다. (답2 제시)학습자의 역할 못지않게 문제의 특성도 중요한데 PBL에 적합한 문제는 비구조화되고 실제적이어야 한다. 이런 문제는 실생활과 밀접한 관련이 있으면서도 정답이 정해져 있지 않아 다양한 해결책을 모색할 수 있는 문제이므로 학생들에게 도전 의식을 불러일으키고 학습 동기와 수업 참여를 유도할 수 있다는 장점을 지닌다. (지문 반영)PBL에서 학습자의 역할이 중요하지만 그렇다고 교사는 뒤에서 보고만 있어야 하는 것은 아니다. **학생들이 협동학습 과정 중에 제 역할을 찾아갈 수 있도록 촉진**해야 하며, (주제 연결 및 지문 반영)문제도 **학생들의 여러 특성**을 반영하는 현실감 있는 문제를 제시함으로써 **적극적인 태도를 독려**해야 한다.

(3) 논점 분석

    임용논술은 여타 논술과는 다른 성격을 가진다. 일반 논술처럼 애매한 주제를 놓고 근거를 대며 자신의 주장을 논리적으로 서술하는 능력을 요구하지는 않는다. 출제자들은 그들이 원하는 '논점'을 정확히 분석하여 답안을 썼는지, 안 썼는지를 중요하게 본다.

- 임용에서 말하는 '논점 분석'

논점 분석은 논술 문제뿐만 아니라 기입형, 단답형, 서술형을 포함한 모든 문제에서도 별 다섯 개의 가치를 지니는 기술이다. 문제의 논점을 제대로 파악하지 못한 채 적어 내는 답들은 오답처리 되기 때문에 아무리 많이 써도 무용지물이 되고 만다. 0.1점 차이로 합격이 좌우되는 임용시험에서 논점 분석에 실패하면 3~4점은 금방 날아간다. 따라서 논술 실력이 중급 정도 됐다면 논점 분석 능력을 날카롭게 다듬을 수 있도록 초점을 맞춰야 한다.

이쯤 되면 논점 분석이 무엇인지 궁금해 할 수도 있는데, 임용시험에서 말하는 **논점 분석**은 '논제(문제)에 대해서 어떤 개념을 근거로 들어 서술할지 파악하고 결정하는 과정'이라고 할 수 있다.

예를 들어 보겠다. '인생의 목표는 무엇인가?'라는 논제가 주어졌다고 가정해 보자. 일반적인 논술이라면 작성자에 따라 '행복'을 논점으로 잡을 수도 '자아실현'을 논점으로 잡을 수도 있으며 '여정'을 논점으로 잡을 수도 있다. 정해진 답은 없으니 논점을 무엇으로 삼더라도 근거를 논리적으로 자신감 있게 서술하면 좋은 점수를 받을 수 있다.

하지만 임용논술에서는 다르다. 여러 논점을 다 허용해 준다면 점수를 매기기 어려우니 문제해결에 필요한 논점(관점) 하나를 미리 정해 놓고 그 논점에 따라 답을 작성했는지, 못 했는지를 본다. 쉽게 말해 '인생의 목표는 무엇인가?'라는 문제(논제)를 내놓고 지문의 전·후 맥락 및 조건에 '자아실현'이라는 논점을 잘 숨겨 놓은 후 그것을 잘 찾아 썼는지, 못 썼는지를 본다는 것이다.

교육현장에 나가 미래의 창의·융합형 인재를 길러야 하는 예비 교사들에게 이렇게 미리 문제 안에 주어진 논점대로만 쓰라고 하는 것이 안타깝지만 다수의 수험생을 변별해야 하는 시험이므로 지금으로서는 현 체제에 따라갈 수밖에 없는 것이 현실이다. 어쨌든 현 논술 체제는 미리 정해진 논점에 따른 답만 인정되므로 수험생으로선 그 체제에 적응해야 한다. 출제자가 요구하지도 않는 것을 빽빽하게 써 봤자 다 허사일 뿐이니 그동안의 노력을 물거품으로 만들고 싶지 않다면 지금부터라도 문제를 보며 출제자가 무엇을 요구하는지 분명하게 파악하는 연습을 해야 한다.

- 논점 분석을 제대로 해야 하는 이유

지금까지의 교육학 논술 기출문제 중 수험생들이 논점 분석하기 까다로웠던 문제를 준비해 봤다. 본인이 그 당시의 수험생이라면 지문과 조건을 보고 어떤 개념을 적었을지 생각해 보자.

[2016학년도 교육학 논술 문제 중 일부]

김 교사의 자기개발계획서를 읽고 예비 교사 입장에서 '교사가 갖추어야 할 역량'이라는 주제로 학생의 정체성 발달에 대한 내용을 구성요소로 서론, 본론, 결론의 형식을 갖춰 논하시오.

〈자기개발계획서〉

개선영역	개선사항
진로지도	• 진로를 결정하기 못한 학생의 경우 성급한 진로 선택을 유보하게 할 것 • 학생에게 다양한 진로를 접할 수 있는 충분한 탐색 기회를 제공할 것 • 선배들의 진로 체험담을 들려줌으로써 간접 경험 기회를 제공할 것 • 롤모델의 성공 혹은 실패 사례를 제공할 것

• 논술의 구성 요소
  - 에릭슨(E. Erikson)의 정체성발달이론에 제시된 개념 1가지

결론부터 말하면 이 문제에서 요구하는 개념은 바로 '심리적 유예기(psychological moratorium)'다. 하지만 그 당시 이 개념을 제대로 쓸 수 있었던 수험생들은 많지 않았다. 학원 강사들도 이 개념을 제대로 다루지 않았었고 그 당시 교육학 교재들을 보면 이 개념을 실은 교재보다 싣지 않은 교재가 더 많았기에 수험생들은 '심리적 유예기'라는 개념을 콕 집어 쓰기가 어려웠다.

설령 어렴풋하게 알고 있더라도 논점 분석을 제대로 하지 못했다면 무엇을 적어야 할지 감을 잡기가 어려웠을 것이다. 실제로 그 당시 수험생의 얘기를 들어 보면 급한 대로 '자아정체성 및 역할혼미' 단계의 특징을 적거나 이와 비슷한 이론인 Marcia의 '정체성 유예(identity moratorium)'를 적은 사람이 많았다고 한다. 하지만 엄밀히 말하면 이 답안들은 출제자가 요구한 것은 아니었기에 점수를 제대로 받을 수 없었을 것이다.

그렇다면 이 문제의 답은 왜 '심리적 유예기'일까? 지문을 자세히 뜯어 보면 논점의 방향이 잡힌다. 지문의 자기계발계획서의 개선사항을 보면 '진로를 결정하기 못한 학생의 경우 성급한 진로 선택을 유보하게 할 것' 및 '학생에게 다양한 진로를 접할 수 있는 충분한 탐색 기회를 제공할 것'이라는 말이 있다. 출제자들은 이런 지문을 이유 없이 그냥 주지 않는다. 뭔가 이유가 있기에 서술해 놓았던 것이고 수험생들은 이 힌트를 토대로 논점의 방향을 정했어야 한다. 아래의 자료를 보기 바란다.

심리적 유예기

청소년기에 진정한 자아를 찾기 위한 노력을 기울이는 시기로서 자신들의 능력을 시험해 보면서 새로운 역할을 실험하거나 가치 혹은 신념체계에 대한 끊임없는 탐색 활동을 하는 시기다. 따라서 이 시기는 정체성 탐색을 위해 아동기와 성인기 사이에 자신에 대한 결정을 잠시 보류하고 주변으로부터 일시적으로 해방되는 시기이기도 하다.

『최신교육심리학』, 이신동·최병연·고영남 공저, 학지사, 2012, 77쪽

어떤가? 밑줄 친 내용을 보면 기출문제의 지문과 일치하지 않는가? 기출 지문에서 사용한 '진로 선택을 유보', '탐색 기회'라는 말은 전공서 자료의 '자신에 대한 결정을 잠시 보류', '탐색 활동'이라는 말과 일치한다. 결국 기출문제의 지문 내용은 심리적 유예기를 유도하고 있음을 알 수 있다. 한 가지 문제를 더 살펴보자. 2017학년도 교육학 논술 문제의 일부다.

[2017학년도 교육학 논술 문제 중 일부]

다음은 신문 기사의 일부이다. 이를 바탕으로 '2015 개정 교육과정의 실질적 구현 방안'이라는 주제로 서론, 본론, 결론의 형식을 갖추어 단위학교 차원에서 논하시오.

〈○○ 신문〉

교육부 『2015 개정 교육과정』 발표 이후, 학교 현장의 준비는?	
학교 현장의 목소리	◆ 교육기획의 중요성 부각
	A교장은 단위 학교에서 새 교육과정이 체계적으로 운영되도록 돕는 교육기획(educational planning)을 강조하였다. "새 교육과정은 교육의 핵심인 교수·학습 활동의 중심을 교사에서 학생으로 이동시키는 근본적인 전환을 강조하고 있습니다. 저는 실질적 의미에서 학생 중심 교육이 우리 학교에 정착할 수 있도록 모든 교육활동에 앞서 철저하게 준비할 생각입니다."

• 논술의 내용
  - A교장이 강조하고 있는 교육기획의 개념과 그 효용성 2가지 제시[4점]

그 당시 이 문제에서도 수험생들은 논점 분석을 정확히 하지 못하는 경우가 많았다. 여러 이유를 들자면 첫째, 앞에서 봤던 에릭슨 문제처럼 그 당시 학원가에서는 '교육기획'이라는 개념을 그리 중요하게 다루지 않았었다. 둘째, 2008중등 교육학 기출문제를 보면 교육기획은 아니지만 교육계획의 접근방법으로 '인력수요 접근법'이 출제된 적이 있는데 이 개념으로 논점을 잘못 잡았거나 셋째, 지문 내용의 A교장 발언에서 '교수·학습 활동의 중심을 교사에서 학생으로 이동시키는 근본적인 전환'이라는 말에 꽂혀 교육기획의 개념이 아닌 경험중심 교육과정, 인본주의, 구성주의 학습이론 등으로 논점을 잡아서다. 하지만 이 문제도 출제자가 원하는 논점 방향이 있었으니 아래 자료를 보자.

교육기획의 개념과 성격
교육기획은 간단히 말해 미래의 교육활동에 대한 사전준비 과정이라 할 수 있다. 즉, 미래의 교육활동에 대비하여 교육목표 달성을 위한 효과적인 수단과 방법을 제시함으로써 교육정책 결정의 효율성과 안전성을 보장해 주는 지적·합리적 과정인 것이다.

교육기획의 효용성
1) **교육정책 수행과 교육행정 안정화에 기여:** 뚜렷한 목표와 방향을 설정하여 교육계획에 따라 일관성 있게 교육체제를 운영할 수 있음
2) **교육행정 혹은 교육경영의 효율성과 타당성 제고:** 설정된 교육목표를 달성하기 위한 수단을 합리적으로 연결함으로써 교육행정 활동의 합목적성과 타당성 제고
3) **한정된 재원을 합리적으로 배분:** 교육투자 지출의 우선순위를 합리적으로 설정하고 그 효과를 극대화하도록 배분함으로써 투자 효율성 제고
4) **교육개혁과 교육적 변화 촉진:** 여건의 변화에 따라 수동적으로 대응책을 강구하는 것이 아니라 상황과 여건의 변화를 미리 예견하여 그에 기민하고 대처 및 개혁과 변화를 계획·추진할 수 있음
5) **합리적인 통제를 가능하게 함:** 교육계획 실천 후에는 반드시 평가 내지 심사 분석이 수반되는데, 그 결과를 토대로 목표를 수정하거나 진도를 조절할 수 있음.

『교육행정학원론』제5판, 윤정일 외 3인 공저, 2008, 학지사, 2008쪽.

기출문제의 지문에서 '체계적으로 운영되도록 돕는', '정착할 수 있도록', '교육활동에 앞서 철저하게 준비'라는 말은 전공서 자료의 '미래의 교육활동에 대한 사전준비 과정'이라는 말과 의미가 맞닿아 있다. 어쩌면 출제자들은 이 자료를 바탕으로 교육기획의 개념과 효용성을 서술하기를 바랐을지도 모른다.

한편 전공서 자료를 보면 교육기획의 효용성으로 5가지가 제시되어 있는데 이중에서도 기출지문(체계적 운영, 전환, 정착, 준비)과 관련이 깊은 '1) 교육계획에 따라 일관성 있게 교육체제를 운영' 및 '4) 상황과 여건의 변화를 미리 예견하여 대처 및 추진'을 이용해 답안을 작성했다면 점수를 더 안정적으로 확보할 수 있었을 것이다.

* 그렇다고 2), 3), 5)번 내용을 적지 말라는 것은 아니다. 안정성 차원에서 논술 지문과 관련이 깊은 내용을 적도록 연습하자는 의미로 받아들였으면 한다.

논점 분석은 정답으로 향하는 네비게이션과도 같은 역할을 한다. 문제를 보고 어떤 개념을 적으면 되는지, 그 개념을 서술할 때 어떤 자료 내용을 토대로 적으면 될지 안내해 주는 역할이 바로 논점 분석이다. 출제자들은 당신의 자유로운 생각을 원하지 않는다. 정해진 관점에 따른 답만을 원할 뿐이다. 그렇다면 우리는 논점 분석 능력을 어떻게 키울 수 있을까?

- '논점 분석' 능력을 키우려면?

첫째, 학원가에만 의존하지 말 것. 앞에서 다룬 교육학 문제의 개념(심리적 유예기, 교육기획)은 그 당시 학원 강사들이 강조하지 않았던 개념들이다. 1년에 단 한 번뿐인 시험인데 강사가 찍어 주지 못해 틀렸다고 불평하면서 다음 시험을 기약하고 싶은가?

그러지 말자. 여러분은 성인이다. 모든 결과에 대한 책임은 나에게 있는 것이다. 강사의 강의를 듣더라도 기출분석은 본인도 해 봐야 한다. 2016 교육학 논술에서 출제된 '심리적 유예기'도 역대 교육학 기출문제를 보면 보기에서 2번은 언급됐었기에 학원 교재에 내용이 없었다면 교육심리 전공서를 찾아서라도 그 내용을 발췌해 공부했으면 충분히 맞힐 수 있었다.

둘째, 중요 기출개념은 도식을 갖고 있을 것! 논점 분석 능력을 높이려면 각 과목마다 기출개념 위주로 도식을 머릿속에 갖춰 놓고 있어야 한다. 그래야 문제를 마주쳤을 때 어떤 개념을 적을지, 그 개념에서도 어떤 하위개념 또는 세부내용을 적을지 골라낼 수 있다. 아래의 도식을 보자.

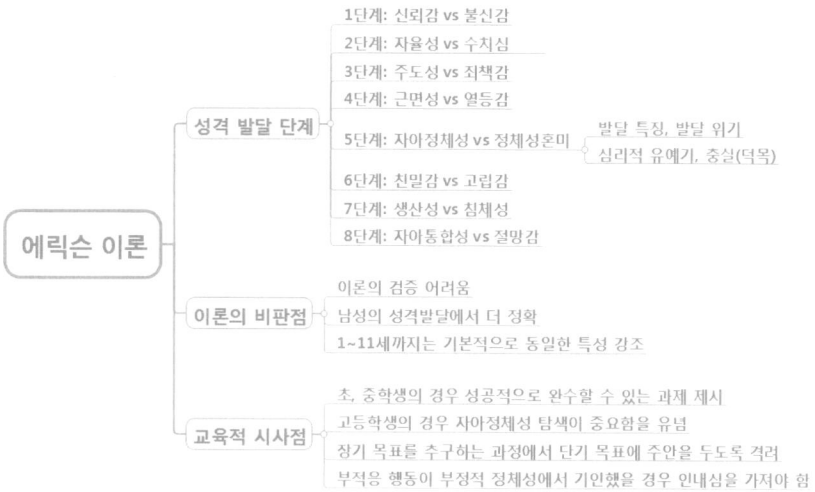

시험에서 에릭슨이라는 이름만 거론되더라도 위와 같은 도식을 머릿속

에서 떠올릴 수 있어야 한다. 그중에서도 가장 시험에 많이 출제된 5단계 (자아정체성vs정체성혼미)의 특징과 '충실' 및 '심리적 유예기'는 기존 기출 문제로 출제된 적이 있기 때문에 특별 관리 대상으로 삼고 있었어야 한다. 이렇게 각 기출개념마다 도식이 갖춰져 있어야 어떤 답을 적어야 할지 모르는 애매모호한 문제에 마주쳤을 때 가능한 모든 경우의 수를 나열하고 논리적으로 따져 가며 최적의 답안을 찾아 나갈 수 있다. 도식이 없으면 무엇을 적어야 할지 체계적으로 검증해 낼 수 없고 그저 생각나는 대로, 감으로 적을 수밖에 없다.

　* 도식 내용을 모두 암기하라는 말은 아니다. 도식 내에서도 기출포인트만 암기&인출 대상으로 삼으면 되며(에릭슨 이론이라면 5단계의 특징, 충실, 심리적 유예기, 교사의 역할) 그 이외의 대상은 배경지식 차원에서 알아 두고 있으면 된다.

셋째, 우수 답안과 비교를 해 가며 논점 분석 능력을 높일 것! 우수 답안은 강사의 모범답안이나 누가 봐도 인정할 수밖에 없을 정도로 근거가 명확히 갖춰진 주변 사람의 답안을 말한다(강사의 모범답안이 언제나 늘 맞는 것은 아니다. 드물지만 논점에 벗어난 답을 제시하기도 한다).

　교육학이든 전공이든 문제를 풀고 나서 틀렸다면 우수 작성자의 답안과 비교해 보며 그들은 어떤 사고과정과 도식에 의해서 답안을 도출했는지를 유추해 보거나 직접 물어봐야 한다. 그래야 본인이 어떤 잘못된 사고과정으로 문제에 접근했는지 깨달을 수 있고, 내 도식에 어떤 빈틈이 있었는지를 파악할 수 있다.

　간혹 어떤 문제는 강사들마다 이견(異見)이 갈리기도 하는데 그럴 땐 여러 강사들의 답안을 비교해 보며 어떤 답이 최선인지도 고민해 봐야 한다. 혼자서 고민하는 것이 힘들다면 스터디원과 의견을 나눠 보며 어떤 답안이 가장 안정적이고 합당할지 고민해 봐야 논점 분석 능력을 높일 수 있다.

넷째, 지문, 조건을 허투루 날리지 말 것! 앞에서 본 두 교육학 문제도 지문과 조건을 꼼꼼히 살펴봤다면 선택의 폭을 좁힐 수 있었다. 2016학년도 교육학 논술 에릭슨 문제에서도 지문의 **'진로 선택 유보'** 및 **'탐색 기회 제공'**이라는 말과 조건의 **'에릭슨'**과 **'개념'**에 유의해 논점을 분석했다면 '심리적 유예기'로 논점을 잡을 수 있었을 것이다.

설령 심리적 유예기를 아예 몰랐어도 지문과 조건을 보며 논점의 방향만이라도 잡았다면 마샤(Marcia) 이론 개념인 '정체성 유예'를 적지 않고, 성격발달단계의 5단계 특징 중 일부를 논점 방향대로 적어 부분 점수라도 받을 수 있었을 것이다.

마찬가지로 2017학년도 교육학 논술 교육기획 문제도 지문(A교장이 교육기획을 강조한 내용)과 조건(교육기획의 개념)만 유의했더라도 경험중심 교육과정, 인본주의, 구성주의 이론처럼 논점에서 아예 벗어난 내용은 적지 않았을 것이다.

(4) 쥐어짜서라도 써 보기

논점도 잡히지 않고 공부한 적도 없는 개념인데다가 무슨 말을 쓸지 전혀 감이 잡히지 않을 때는 어떻게 하면 될까? 운명이라 여기고 그 문제는 포기해야 할까? 아니다. '지문을 토대로' 쥐어짜서라도 쓰면 된다. 온전한 점수는 받기 힘들더라도 소 뒷걸음치다 쥐 잡는 격으로 1~2점이라도 획득할 수 있다. 그러니 절대 포기하지 말고 지문을 토대로 그럴 듯하게 소설이라도 써 보자.

정말 이 방법이 통할 수 있을까? 본보기가 될 만한 문제 하나를 준비해 봤다. 2017학년도 교육학 논술문제의 '교육기획' 개념을 묻는 문제다.

[2017학년도 교육학 논술 문제 중 일부]

다음은 신문 기사의 일부이다. 이를 바탕으로 '2015 개정 교육과정의 실질적 구현 방안'이라는 주제로 서론, 본론, 결론의 형식을 갖추어 단위학교 차원에서 논하시오.

〈 ○○ 신문 〉

교육부 『2015 개정 교육과정』 발표 이후, 학교 현장의 준비는?	
학교 현장의 목소리	◆ 교육기획의 중요성 부각
	A교장은 단위 학교에서 새 교육과정이 체계적으로 운영되도록 돕는 교육기획(educational planning)을 강조하였다. "새 교육과정은 교육의 핵심인 교수·학습 활동의 중심을 교사에서 학생으로 이동시키는 근본적인 전환을 강조하고 있습니다. 저는 실질적 의미에서 학생 중심 교육이 우리 학교에 정착할 수 있도록 모든 교육활동에 앞서 철저하게 준비할 생각입니다."

- 논술의 내용
  - A교장이 강조하고 있는 교육기획의 개념과 그 효용성 2가지 제시[4점]

그 당시 이 개념 자체를 알거나 준비했던 수험생은 드물었을 것이다. 강사들도 거의 다루지 않았던 개념이고, 교육행정 전공서에서도 국가차원에서 교육과정을 개발할 때 쓰는 개념 정도로나 소개했지 단위학교에서도 사용될 수 있는 개념으로 서술하지 않았기에 많이들 넘겼던 개념이었다.

하지만 놀랍게도 이와 같은 상황에서 교육학 점수를 17점 이상 받은 수험생들이 있었다. 그 당시 수험생 몇 명에게 '교육기획' 개념을 알고 있냐고 물어봤더니 정확하게 알고 있던 수험생은 없었다. 하지만 점수는 4점 전부를 깎이지 않았다. 적게는 1점에서 많게는 3점을 깎였을 뿐이다. 개념을 정확히 몰랐어도 최소 1점은 건졌다는 소리다. 그럼 그들은 어떻게 단 1점이라도 건질 수 있었던 것일까?

비결은 지문 분석에 있었다.

그들도 개념을 정확히는 몰랐었지만

지문 분석을 토대로 어떻게든 쥐어짜서 써봤고

그 내용 중 일부가 얻어걸려 점수로 인정된 것이다.

언어는 수학이 아니므로 같은 개념을 표현하더라도 서로 다른 단어와 문장으로 설명이 가능하다. 가령 "아버지가 귀가하셨다."와 "아버지가 집에 오셨다."의 문장은 단어가 서로 다르더라도 다른 의미라 하지 않는 것처럼, 논술에서도 개념을 표현하는 방식이 조금 달라도 같은 의미를 지니면 정답으로 인정될 가능성이 있다.

위에서 다룬 교육학 문제도 그렇다. '교육기획'이라는 개념 자체를 아예 몰랐더라도 지문에서 볼 수 있는 단서인 '새 교육과정이 체계적으로 운영되도록 돕는', '정착할 수 있도록 철저하게 준비'라는 말들과 '교육'과 '기획'의 의미를 종합하여 유추해 봤다면 완벽하진 않더라도 그럴듯하게 '교육기획'이라는 개념을 다음과 같이 써 볼 수 있었을 것이다.

교육기획이란 교육과정이 잘 정착될 수 있도록 무엇을 어떻게 준비할지 계획을 세우는 과정을 말한다.

가슴에 손을 얹고 말하건대 전공서 내용을 보고 작성한 것이 아니다. 지문의 단서를 적극 이용하고 몇 가지 단어를 덧붙여 그럴 듯하게 작성해 본 것이다. 물론 이보다 더 잘 표현하는 사람들도 있겠지만 이렇게라도 쓴 걸 나는 다행이라 여긴다. 어쨌든 쥐어짜내서 작성한 개념과 전공서에서 풀이한 개념을 서로 비교해 보자.

교육기획은 간단히 말해 **미래의 교육활동에 대한 사전준비 과정**이라 할 수 있다. 즉, 미래의 교육활동에 대비하여 교육목표 달성을 위한 효과적인 수단과 방법을 제시함으로써 교육정책 결정의 효율성과 안전성을 보장해 주는 지적·합리적 과정인 것이다.

전공서의 표현이 더 고급스럽고 지적이지만 그렇다고 쥐어짜낸 서술과 완전히 동떨어졌다고는 볼 수 없다. 가장 핵심은 '미래의 교육활동에 대한 사전준비 과정'인데 이 부분은 앞에서 쥐어짜낸 '교육과정이 잘 정착될 수 있도록 무엇을 어떻게 준비할지 계획을 세우는 과정'과 표현 차이만 있지 의미 면에서는 크게 어긋나지 않는다. 이렇듯 정말 배운 적도 없거나 기억 저편에서 멀리 사라진 개념일지라도 지문의 단서를 토대로 쥐어짜내면 얼추 비슷하게 표현이 가능할 때도 있으니 포기하지 말아야 한다. 얻어걸리는 게 한두 가지는 있을 것이다.

이번엔 교육기획의 '효용성'도 쥐어짜 보자. 앞에서 쥐어짜낸 교육기획의 '개념'과 '효용성'의 사전적 의미를 되짚어 보면 다음과 같은 추론도 가능할 것이다. 추론을 통해 도출한 내용과 전공서의 내용을 비교해 보자.

[교육기획의 효용성을 도출하기까지의 추론과정]

효용성은 '~을 하면 좋은 점이나 유용한 점' 등을 말하는 거겠지? 그럼 교육기획의 효용성이란 교육기획을 했을 때 좋은 점이나 유용한 점이겠네. 방금 전에 교육기획을 '교육과정이 잘 정착될 수 있도록 무엇을 어떻게 준비할지 계획을 세우는 과정'이라고 쥐어짰으니 여기서 더 추론을 해 보자.
① 교육과정이 잘 정착되면 뭐가 좋아질까? 시행착오를 비교적 덜 겪으면서 안정적으로 교육과정을 운영할 수 있겠지. ② 그리고 무엇을 어떻게 준비할지 계획을 세운다고 했으니 학교 예산이나 행정 자원을 목표에 맞게 합리적으로 잘 분배해서 쓸 수 있을 거야. 또 뭐가 있을까? ③ 계획을 세운다고 했으니 달성하려는 목표가 있을 거야. 그럼 나중에 이 목표가 잘 달성됐는지 피드백 할 기회를 만들 수도 있겠네.

[교육행정 전공서의 내용]

교육기획의 효용성

㉮ **교육정책 수행과 교육행정 안정화에 기여:** 뚜렷한 목표와 방향을 설정하여 교육계획에 따라 일관성 있게 교육체제를 운영할 수 있음
㉯ **교육행정 혹은 교육경영의 효율성과 타당성 제고:** 설정된 교육목표를 달성하기 위한 수단을 합리적으로 연결함으로써 교육행정 활동의 합목적성과 타당성 제고
㉰ **한정된 재원을 합리적으로 배분:** 교육투자 지출의 우선순위를 합리적으로 설정하고 그 효과를 극대화하도록 배분함으로써 투자 효율성 제고
㉱ **교육개혁과 교육적 변화 촉진:** 여건의 변화에 따라 수동적으로 대응책을 강구하는 것이 아니라 상황과 여건의 변화를 미리 예견하여 그에 기민하고 대처 및 개혁과 변화를 계획·추진할 수 있음
㉲ **합리적인 통제를 가능하게 함:** 교육계획 실천 후에는 반드시 평가 내지 심사 분석이 수반되는데, 그 결과를 토대로 목표를 수정하거나 진도를 조절할 수 있음.

『교육행정학원론』 제5판, 윤정일 외 3인 공저, 2008, 학지사, 208쪽

추론 내용과 전공서 내용이 완벽하게 일치하지 않더라도 맥락상 비슷한 내용들이 보인다. 추론 ①은 전공서 ㉮의 내용과, 추론 ②는 ㉯와, 추론 ③은 ㉰의 내용과 전반적인 큰 틀 면에서는 비슷하다. 물론 디테일하게 보면 차이를 감출 수는 없지만 이렇게 추론을 통해 쥐어짜낸 내용을 답안을 작성하면 부분적으로나마 점수를 건질 수도 있을 것이다.

그러니 모르는 개념이 나왔다고 당황하며 아예 포기하지 말고, 어떻게든 쥐어짜내서 써 보자. 초·중·고·대학에서 쌓은 소양과 배경지식을 총동원하여 쓰다 보면 단 1점이라도 점수를 획득할 수 있을 것이다.

4) 서론과 결론은?

　마음을 확 끄는 서론과 화룡점정을 마친 결론은 펜 좀 잡았다 하는 사람이라면 누구나 원하는 그림일 것이다. 이게 좀 쉬우면 얼마나 좋을까? 다른 직업군에 비해 책을 많이 보는 편이라 눈은 높아졌지만 그 높은 기대치만큼의 멋진 서론, 결론이 나오지 않으면 속이 상할 것이다. 그렇다고 너무 속상해하지 말자. 서론, 결론 자체에 대한 배점은 1점 정도니 형식상 써 넣기만 해도 점수를 받을 수 있다.

　학원 강사들의 기출모범답안을 보더라도 서론과 결론은 주제와 관련지어 본론의 내용을 '열어 주고', '닫아 주는' 역할만 할 뿐이지 자신만의 심오한 교육적 철학이나 교육동향을 서술해 놓고 있지는 않다(강사들의 모범답안은 인터넷에서 검색하면 금방 찾는다. 'ㅇㅇ학년도 교육학 논술 모범답안' 또는 'ㅇㅇ학년도 교육학 논술 기출분석'이라고 검색하면 된다).

　그럼에도 불안하다면 자기만의 '만능틀'을 만들어 보자. '만능틀'이란 어떤 논술 주제가 나오더라도 찰떡처럼 써먹을 수 있는 서론, 결론용 문구를 지칭한다. 아래의 예시를 보자.

헌법 제 31조 1항

모든 국민은 능력에 따라 균등하게 교육받을 기회를 가진다.

필자는 이 만능틀을 어떤 문제나 주제에도 적용할 수 있도록 연습을 했었다. 만능틀을 꼭 하나만 만들어야 하는 것은 아니지만 우선 하나를 갖고 여러 문제에 적용해 보는 연습을 충분히 한 후 보험용 만능틀을 2~3가지 더 준비해 놓는 것이 안정적이다. 이 만능틀로 2018학년도 교육학 논술 문제 서론을 만든다면 이렇게도 가능하다.

[2018학년도 교육학 논술 문제]

다음은 A중학교 학생들의 학업 특성 조사 결과에 관해 두 교사가 나눈 대화 중 일부이다. 대화 내용을 활용하여 '학생의 다양한 특성을 고려하는 교육'이라는 주제로 논하시오.

- **논술의 내용**
  - 박 교사가 제안하는 워커(D.F.Walker)의 교육과정 개발 모형의 명칭, 이 모형을 교육과정 개발에 적용하는 이유 3가지[4점]
  - 박 교사가 언급하는 PBL(문제중심학습)에서 학습자의 역할 2가지, PBL에 적합한 문제의 특성과 그 특성이 주는 학습 효과 1가지[4점]
  - 박 교사가 제안하는 평가유형의 명칭과 이 유형에서 개인차에 대한 교육적 해석 1가지, 김 교사가 제안하는 2가지 평가유형의 개념[4점]
  - 김 교사가 언급하는 교내장학 유형의 명칭과 개념, 그 활성화 방안 2가지[3점]

(만능틀)헌법 제 31조 1항에 따르면 모든 국민은 능력에 따라 균등하게 교육받을 기회를 가진다. (만능틀과 주제 연결)능력에 따른 교육 기회를 주려면 학생들의 다양한 능력과 개인적 특성을 파악하고 이를 교육과정과 수업, 평가방식에 반영해 학생들이 주도적으로 수업에 참여할 수 있게 만들어줘야 한다. (주제와 본론 안내)따라서 본 글에서는 학생의 다양한 특성을 고려한 교육이라는 주제에 맞게 박 교사가 제안한 워커의 교육과정 개발 모형과 문제중심학습 및 평가유형에 대해 논하고 김 교사가 언급한 교내장학을 논하고자 한다.

만능틀은 평소 자신이 가장 중요하게 생각하고 있는 교육관이나 명언, 철학, 문구 등으로 만들면 된다. 딱히 없다면 교육학 개념이나 교육관련 신문 기사, 교육학 또는 전공 교재 단원의 머리말이나 맺음말에서 좋은 문구를 인용하여 만능틀을 만들면 된다.

앞에서 만능틀로 서론을 만들었으니 이번엔 결론을 만들 차례. 똑같은 만능틀로 결론을 만들 수도 있었으나 이 책을 읽는 독자들에게 다양한 만능틀을 소개하기 위해 존 듀이의 명언과 2015교육과정 총론 내용으로 만든 만능틀로 결론을 만들어 보았다.

[만능틀 예시 2 - 존 듀이의 명언 인용]

교육학자 존 듀이가 말한 것처럼 교육은 과거의 가치를 전달하는 것으로 끝낼 게 아니라 미래의 가치를 창조할 수 있어야 한다.

(만능틀)교육학자 존 듀이가 말한 것처럼 교육은 과거의 가치를 전달하는 것으로 끝낼 게 아니라 미래의 가치를 창조할 수 있어야 한다. (만능틀과 주제 연결)미래의 가치를 창조하려면 장차 성인이 될 학생들의 능력과 소질을 기를 수 있도록 학생의 다양한 특성을 고려한 교육이 구현되어야 한다. (본론 정리)따라서 본론에서 제시한 대로 교육과정 개발 시 워커의 숙의모형을 적용하여 교육 공동체 구성원의 다양한 의견을 나눌 수 있어야 하며, 학습 방법과 평가방법 역시 문제중심학습 및 준거참조평가를 활용하여 학생들의 동기와 수업참여를 높이고 개별적 성장을 평가할 수 있어야 한다. 끝으로 이러한 과정을 동료장학으로 활성화하며 교직원 모두가 미래 가치를 창조할 수 있는 인재 육성에 힘써야 할 것이다.

[만능틀 예시 3 - 2015 교육과정(총론)에서 바라는 인재]

2015 개정 교육과정에서는 인문학적 상상력, 과학기술 창조력을 갖추고 바른 인성을 겸비한 창의·융합형 인재 양성을 목표로 한다.

[만능틀을 적용한 결론]

(만능틀)2015 개정 교육과정에서는 인문학적 상상력, 과학기술 창조력을 갖추고 바른 인성을 겸비한 창의·융합형 인재 양성을 목표로 한다. (만능틀과 주제 연결)이러한 인재를 육성하기 위해 학생의 다양한 특성을 고려한 교육을 실시해야 하며 학생 개개인이 갖는 고유의 정체성과 개성을 살릴 수 있어야 한다. (본론 정리+만능틀)이를 구현하려면 본론에서 논한 바와 같이 교육과정 수립 시 워커의 숙의모형을 적용하여 교육 공동체 구성원의 다양한 의견을 나눌 수 있어야 하며, 학습 방법과 평가방법 역시 문제중심학습 및 준거참조평가를 활용하여 학생들의 동기와 수업참여를 높이고 개별적 성장을 평가할 수 있어야 한다. 끝으로 이러한 과정을 동료장학으로 활성화하며 교직원 모두가 미래 가치를 창조할 수 있는 인재 육성에 힘써야 할 것이다.

한눈에 정리하기

<table>
<tr><td rowspan="4">논술
작성</td><td>1. 어서 와!
논술은 처음이지?</td><td></td></tr>
<tr><td>2. 부담 없이 시작하자!
첫 논술 연습</td><td>• 일기처럼 써보기
• 베껴 쓰기
• 나눠 쓰기</td></tr>
<tr><td>3. 실전 작성 요령</td><td>• 답안 작성 기본 요령
• 본론에 힘을 쏟자
  – 가짓수 파악하기
  – 주제, 지문, 조건 활용하기
• 논점 분석
  – 임용에서의 논점분석
  – 논점분석을 제대로 해야 하는 이유
  – 논점분석 능력을 키우려면?
    → 강사에만 의존X
    → 도식 형성하기
    → 우수 답안과 비교
    → 지문과 조건을 꼼꼼히 확인
• 쥐어 짜내서라도 써보기</td></tr>
<tr><td>4. 서론과 결론은?</td><td>• 만능틀 준비하기</td></tr>
</table>

| 함께 풀어 봐요, 너와 나의 연결 고민

Q. 안녕하세요. 저는 장수생입니다. 그래서 이것저것 아는 것도 많고 사람들한테 잘 설명도 해 주는 편인데, 이상하게 쓰는 것에 대한 어려움이 있습니다. 작년 시험 불합격 요인도 문제를 특별히 모르지는 않아 근접했으나 정확한 키워드로 쓰지 못하고 두루뭉술 적어 감점된 것 같습니다. 그래서 올해는 키워드 중심으로 잘 쓸 수 있도록 공부를 하고 있다고 생각했는데 아직도 아는 것과 쓰는 것에 대한 괴리감이 없어지지 않아 고민입니다.

- qndq****님

A. 설명해 줄 수 있다는 건 개념 이해가 어느 정도는 갖춰졌다는 것이겠죠. 문제의 원인은 개념에 대한 핵심 키워드를 선정하고 암기 및 인출 연습을 충분히 하지 않은 데 있습니다. 따라서 세 가지 처방을 드리겠습니다.

첫째, 핵심 키워드를 선정할 것. 개념마다 그 개념을 설명하는 데 꼭 필요한 핵심 키워드를 선정해 보세요. 둘째, 선정한 핵심 키워드를 사용하여 개념을 설명하거나 글로 쓰는 연습을 해 보세요. 셋째, 매번 암기부터 하고 인출하지 마시고 1~2번 정도 외운 개념은 우선 인출부터 해 보세요. 암기에서 능률을 높이지 못하는 이유는 외운 키워드를 무작정 또 외우고 또 외우기 때문입니다.

그러니 우선 인출부터 해 보세요. 선인출을 해야 어떤 단어를 기억했는지, 못 했는지를 확인할 수 있습니다. 기억한 단어는 장기기억에 머문 지식이므로 굳이 다시 외우지 않아도 됩니다. 기억하지 못한 단어만 기억한 단어와 연결을 해 가며 재암기를 하면 됩니다(이 책의 '암기', '인출'편의 선인출 전략을 꼭 정독하세요).

마지막으로 핵심 키워드를 선정, 암기, 인출 연습해 봤다면 강사의 문제 및 기출문제를 풀어 보면서 그 키워드를 문제 상황과 지문, 조건, 출제자의 의도에 맞게 적용해 보는 연습을 하셔야 합니다. 정리하자면 키워드 선정, 암기, 인출, 적용을 별개의 과정으로 생각하고 접근하시면 되겠습니다.

> Q. 제 문제점은 모르는 내용이 아닌데도 문제를 못 푼다는 겁니다. 시험지가 제게 뭘 묻고자 하는 건지 도대체 모르겠어요. 답을 보면 그제야 "아~ 이걸 물어본 거였어? 나 이거 아는 내용인데 ㅠㅠ" 이런 식이에요. "많이 풀어 보면 나아지겠지" 하는 생각으로 7월부터 10월까지 계속 모의고사를 풀었지만 크게 나아지는 것 같지 않았어요. 혹시 모의고사라 그런가 싶어 기출문제도 풀어 봤지만 결론은 문제를 파악하는 것이 문제라는 게 밝혀졌습니다. 왜 이렇게 문제 푸는 센스가 없는지.. 어떻게 보면 문제 안에 답이 있는 건데…… 시험 전 꼭 선생님의 조언을 듣고 싶습니다.
>
> - kby9****님

A. 논점 분석에 어려움을 겪고 있군요. 두 가지 방안을 말씀드리겠습니다. 첫째, 각 과목(영역)마다 기출개념 위주로 내용을 도식화한 마인드맵 또는 목차 노트가 있어야 합니다. 논점 분석을 정확히 하려면 개념과 개념의 상·하위 관계를 나타내는 '도식'이 머릿속에 형성돼 있어야 합

니다. 그래야 여러 경우의 수를 생각할 수 있고 출제자가 의도하는 개념을 도출해낼 기회가 생깁니다. 도식이 없으면 생각나는 대로, 잡히는 대로 답을 적을 수밖에 없어요.

둘째, 문제를 틀렸다면 답안을 도출하기까지의 사고 과정을 반추해 봐야 합니다. 어떤 의식의 흐름에 따라 그러한 결론에 도달했는지, 지문의 어떤 단서 또는 어떤 단어에 꽂혀 답안을 작성했는지 살펴봐야 합니다. 또한 다음에는 이런 문제에서 실수하지 않으려면 어떤 방법으로 사고를 전개해 나가야 할지 문제 옆에 적어 놓는 것도 좋습니다.

셋째, 강사, 합격생, 우수 스터디원의 답과 비교해 보며 그들은 어떤 사고 과정, 의식흐름에 따라 작성을 했는지 세밀하게 분석해 봐야 합니다. 인간의 의식 흐름도 벤치마킹이 가능해요. 문제를 풀고 그들의 답안과 비교해 보며 나는 어떤 점에서 방향을 잘못 잡았었는지, 그럼 그들과 같은 논점 방향을 잡으려면 사고를 어떻게 전개해 나가야 할지 고민해 봐야 합니다.

Q. 오늘 처음으로 논술을 써 보았는데요. 개요라는 게 대체 어느 정도까지 상세하게 써야 하는지 궁금합니다. 답안지에 옮기기 전 서론, 본론, 결론을 전체적으로 쭉 글 쓰듯 써놓고 바로 옮겨 적을 수 있을 정도로 개요를 작성해 놓으면 되는 건가요?

- dj21****님

A. 개요는 답안에 작성할 키워드 몇 가지 정도를 적어 놓으면 되는데요.
2017학년도 교육학 논술문제에서 '교육기획'의 개념과 효용성을 묻는 문제를 개요로 만들어야 한다면 다음과 같은 정도로 만들 수 있겠습니다.

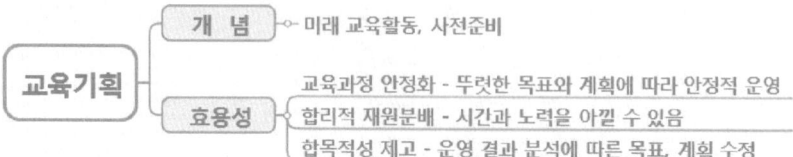

위와 같이 키워드로 개요를 작성해도 되고 간단하게 줄글로 적어 놔도 됩니다. 논술 연습을 많이 하고 암기를 잘 해놨다면 사실 저 정도의 개요도 필요 없습니다. '교육과정 안정화', '합리적 재원 분배', '합목적성 제고' 정도만 적어 놓고 나머지는 논술 작성할 때 즉흥적으로 부연설명을 붙이면 되니까요. 하지만 그게 아직 어렵다면 위 방법처럼 키워드 정도만 적어 놓고 답안을 작성할 때 살을 붙여 써 보는 연습을 하면 됩니다.

문제 풀이 전략

실패는 우리를 가르친다.
진정 사고할 줄 아는 사람은 성공뿐 아니라
실패에서도 많은 것을 배운다.

- 존 듀이 -

문제풀이
전략

1. 실수는 실수가 아니다

2. 오답노트

3. 시간관리
- 쉬운 문제부터 풀기
- 다시 풀기
- 문제당 걸리는 시간 점검하기
- 15~20분 일찍 끝내자

4. 가장 중요한 건 기출문제

5. 답부터 확인하지 말 것

6. 좌절하지 말자

1) 실수는 실수가 아니다

이 말을 꼭 명심하자. 실수는 실수가 아니라 실력이다. 아깝게 1차 시험에서 떨어진 수험생들의 시험지를 분석해 보면 실수로 한두 문제를 틀린 경우가 종종 있다. 실수의 유형도 다양한데 문제를 잘못 읽어서, 출제자의 의도를 잘못 해석해서, 문제의 보기와 조건을 놓쳐서, 관점을 잘못 잡아서, 시간이 없어서 등의 이유로 실수를 한다.

같이 근무하는 학교에 신규 선생님들이 많아 그분들에게 작년 한 해 어떤 점을 주로 신경 썼는지 시기별로 물어보니 8월부터는 문제를 풀 때 실수를 줄이기 위해 각고의 노력을 들였다고 대답한 사람들이 꽤 있었다. 왜 그랬는지 물어 보니 시험에 떨어졌을 때의 시험지를 분석해 보니 충분히 맞힐 수 있음에도 문제를 잘못 읽거나, 알고 있음에도 그 당시 잠깐 잘못 생각해서 틀린 문제가 많았다는 것이다. 그래서 다시는 그런 상황을 맞이하고 싶지 않아 문제풀이나 모의고사, 기출문제를 풀 때 실수를 줄이기 위해 의식적으로 노력했다고 한다.

시험을 다년간 치른 선생님들은 이 사실에 공감할 것이다. 개념을 이해하고 핵심 키워드로 암기&인출 연습했어도 문제 하나 잘못 접근하면 그동안 공부한 노력이 허사로 돌아간다. 알고 있음에도 틀리면 얼마나 가슴이 아프겠는가. 그러므로 평소 기출문제를 풀 때나 학원 강사의 문제들을 풀 때 답을 맞혔는지, 틀렸는지만 확인하고 넘어갈 게 아니라 그 문제를 틀렸다면 어떤 사고과정과 의식의 흐름에 따라 오답이 도출됐는지 꼼꼼히 반추해 봐야 한다. 그리고 그와 같은 실수를 다시 하지 않도록 예방 및 대처 방안을 생각해 보고 문제 옆에 적어 놓아야 한다.

2) 오답노트

앞에서 말한 '실수 줄이기'와 연장선상의 내용이다. 강사의 7~8월 문제 풀이, 9~10월 모의고사를 풀다 보면 몰라서든, 실수에 의해서든 틀린 문제가 있기 마련인데 그 문제들을 한데 모아 오답노트로 만들어 관리하면 점점 실수를 줄일 수 있게 된다.

틀린 문제를 보면 "다음엔 꼭 맞춰야지!"라고 생각은 하지만 막상 2주 정도 지나고 그 틀린 문제를 살짝만 변형해도 다반사로 틀리는 게 우리 수험생들의 일반적인 현상이다. 왜 그럴까? 틀린 문제에 대한 깊은 숙고 과정이 빠졌기 때문이다. 문제를 틀렸다면 틀린 이유를 가능한 상세히 적어 봐야 한다. 보기와 지문을 잘못 읽었는지, 출제자의 의도를 잘못 파악했는지, 핵심 키워드를 놓쳤는지, A와 B 중 무엇을 적을까 고민하다가 A를 적었는데 결국 답은 B였다면 왜 그렇게 선택했는지 등 가능한 모든 이유를 오답노트에 적어 보자. 왜? 이런 실수를 다시는 하지 않기 위해서다.

"에이~ 이번에는 실수로 틀렸네. 다음에는 맞히겠지."라고 안일하게 접근하면 같은 실수를 반복하게 된다. 오답노트에 문제와 틀린 이유를 기록하면서 실수를 의도적으로 바로 잡으려는 노력이 뒷받침되지 않으면 실제

시험장에 가서도 똑같은 실수를 또 하는 자신을 발견할 수 있을 것이다. 인류가 기록을 통해 문화를 꽃피울 수 있었듯이, 우리도 기록을 통해 실수를 줄여 내년 봄은 활짝 맞이할 수 있도록 마지막까지 신경을 쓰도록 하자.

3) 시간 관리

시간 관리도 점수에 큰 영향을 미치는 요소다. 시간 관리를 못해 촉박할 수록 문제에 집중하지 못하게 되고 심지어 문제를 아예 읽지도 못하고 마치는 기상천외한 상황도 벌어지기도 한다. 그러니 평소 문제 풀이 및 답안 작성 연습을 할 때 시간 관리도 신경 쓰면서 위와 같은 상황을 예방할 수 있도록 해 보자.

(1) 쉬운 문제부터 풀기

문제를 풀 때는 쉬운 문제부터 풀 것을 권한다. 하-중 난이도의 문제부터 순조롭게 풀어나가야 심리적으로도 위축되지 않는다. 처음부터 고난이도의 문제와 씨름하게 되면 시간은 시간대로 잡아먹고 결국 잘 풀리지 않아 멘탈이 붕괴되기가 쉽다. 내게 어려운 문제는 남들도 어려운 문제니 그 문제에 꽂혀 어떻게든 해결해 보려는 자세를 지니지 않아도 된다. 그 문제는 시간도둑이니 애써 처음부터 무리할 필요가 없다. 그러니 문제지를 받으면 문제를 슥 훑어본 후에 '하 → 중 → 고' 난이도 순으로 문제를 풀어 보자.

(2) 다시 풀기

하, 중, 고 어떤 난이도의 문제든 잘 안 풀리는 문제가 있으면 그 문제 하나 때문에 낑낑대지 말고 일단 체크해 놓고 넘어가자. 그 문제 때문에 시간을 허비할 수 없다. 사람의 기억은 활성화되기까지 얼마간의 시간을 필요로 한다. 어떤 개념은 당장 인출이 되기도 하지만 또 어떤 개념은 인출되기까지 얼마간의 시간이 필요할 수도 있다. 그러니 어떻게 접근해야 할지, 어떤 답안을 적어야 할지 감을 잡기 어려운 문제가 있으면 일단 체크해 놓고 넘어가자. 다른 문제들을 다 푼 다음에 다시 돌아와 그 문제를 바라보면 처음보다 문제의 실마리가 더 잘 보일 수도 있다.

(3) 문제당 걸리는 시간 점검하기

시간 관리를 하려면 한 문제당 평균적으로 몇 분 이내로 풀어야 할지를 알고 있어야 한다. 누구에게는 시험에서 주어지는 시간이 충분할 수 있겠지만 또 누군가에게는 손에 땀이 날 정도로 부족할 수도 있다. 그렇기에 시간에 쫓기지 않으려면 평균 한 문제당 몇 분 이내로 풀어야 하는지 계산해 놓고 있어야 한다. 그래야 문제를 푸는 도중에도 "내가 지금 ○분 정도를 문제에 썼구나. 1분만 더 생각해도 안 되면 일단 다음 문제로 넘어가자."라는 식으로 자신을 메타 인지적으로 조정할 수 있다.

(4) 15~20분 일찍 끝내자

문제를 평소 빠르게 푸는 수험생은 상관없는 얘기겠지만 학창시절 본인을 바라봤을 때 늘 시간이 부족해 촉박했던 수험생이라면 이 말도 깊게 새겨들어야 한다. 우리가 편한 환경에서 강사의 모의고사나 연도별 기출문제를 풀 때와는 달리 실제 시험장에서는 긴장감, 낯선 환경, 예민함 때문에 평소보다 문제 푸는 시간이 더 걸리기 마련이다. 시험지나 답안지도 평소 쓰는 A4가 아니라 B4 사이즈에 가깝기 때문에 사람에 따라 가독성이 오히려 떨어지는 느낌을 받기도 한다. 또한 그런 일은 없어야 하겠지만 답안을 교체해야 하는 상황도 대비하려면 실제 시험 시간에서 15~20분 정도는 일찍 답안 작성을 마칠 수 있도록 시간 관리를 해야 한다.

4) 가장 중요한 건 기출문제

　7~8월, 9~10월 학원 강사들이 제공하는 문제를 풀다 보면 어느새 기출문제는 뒷전으로 밀려 있고 공부 패턴과 사고의 패턴이 그 강사가 강조하고 문제로 낸 개념에만 매여 있는 현상이 발생하기도 한다. 하지만 한 가지 중요한 사실을 기억해야 한다. 임용출제진들은 강사의 문제로 시험문제를 만드는 게 아니라 기존에 출제됐던 기출개념을 심화ㆍ확장하여 만든다는 것을.

　연인끼리 보지 않으면 서로 멀어질 수 있듯이, 잘 알고 있다고 생각하는 기출개념도 강사들의 문제를 푸느라 방치해 두면 이내 기억 저편에서 멀리 사라져 버린다. 우리가 7~8월 문제 풀이, 9~10월 모의고사를 하는 이유는 그 강사의 문제를 잘 맞히기 위해서가 아니라 지금까지 기출문제로 출제된 기출개념을 응용ㆍ적용 연습하기 위한 것이다.

　강사의 문제는 목적이 아니라 수단으로 삼아야 한다. 기존 기출문제와 비교해 봤을 때 너무나 지엽적이거나 이번 시험 문제로 출제하기 어려운 개념을 문제로 만들었다면 그 문제 때문에 스트레스 받지 말자. "이것도 모르는데 난 어떡하지?"라고 생각하지 말고 "이런 것도 시험 문제로 냈구나~"

정도로 생각하는 게 좋다. 시간과 여유가 있으면 그런 개념도 준비해 놓으면 좋겠지만 그렇지 못한다고 해서 크게 불안해하지 않아도 된다. 가장 중요한 건 언제나 늘 기출문제고, 그 안에 담겨 있는 기출개념을 심화·확장하여 공부해 나가면 되는 것이니까.

실제 내게 멘토링을 받았던 수험생 몇 명은 강사의 문제를 풀 때는 늘 상위권이었지만 시험에서는 1차 커트라인을 넘기지 못했다고 한다. 그 이유를 들어 보니 강사가 주로 강조하는 개념과 그 개념에 대한 문제만 집중한 나머지 정작 중요한 기출개념은 소홀히 다룬 게 화근이었다고 한다(특히나 이런 현상은 1월부터 11월까지 연간 패키지를 끊어 그 강사에게 최적화된 수험생에게 더 빈번하게 나타났었다).

강사를 폄하하는 것은 절대 아니다. 나도 강사의 도움을 많이 받았고 1~2월 기본 이론 강의는 2, 3, 4학년 각각 한 번씩 총 세 번을 들을 정도였다. 하지만 문제 풀이와 모의고사에 있어서는 약간의 거리를 두었다. 강사의 문제 패턴에 매몰되면 기출에 소홀해질 것 같아서였다.

기출문제에서 출제된 개념을 강사가 심화·확장하여 문제로 만들었다면 그 문제는 꼼꼼히 풀어 보며 적용·응용력을 키우는 게 맞다. 하지만 단지 틀리기 위해 일부로 어렵게 꼬아 낸 문제는 틀렸다고 좌절하지 말고 그 문제에 대한 개념을 공부하느라 많은 시간을 허비하지 않아도 된다. 편한 마음으로 "이렇게도 문제를 만들었구나." 생각하면서 기출에 근거했을 때 조금이라도 봐 놓는 게 좋겠다 싶으면 공부해 놓고, 영 아니다 싶으면 그냥 패스하면 그만이다. 그 시간에 하나라도 더 기출개념을 정확히 공부, 암기, 인출 연습하는 게 낫다.

5) 답부터 확인하지 말 것

　틀린 문제가 있으면 답부터 냅다 확인하지 말고 그 문제를 풀기 위해 알아야 하는 개념을 지금까지 공부한 자료(수험서, 전공서, 논문, 인터넷 자료 등)로 최대한 다시 살펴봐야 한다. 그렇지 않고 답부터 보게 되면 그 문제를 통해 얻어야 할 능력 즉, 문제해결능력을 전혀 키우지 못한 채 그저 답만 외우게 된다.

　문제를 푸는 이유는 그 문제를 통해 내가 어떤 개념을 정확히 알고 있는지, 어떤 키워드를 암기 혹은 인출하지 못하는지, 개념을 어떤 문제 상황과 조건에서 적용하기 어려운지를 살펴보기 위해서다.

　그냥 단순히 문제를 풀고 맞혔는지, 틀렸는지만을 확인하는 것은 문제의 가치를 100%로 활용하지 못하는 것이다. 그러니 문제를 풀고 나서 어렵거나 애매했던 문제는 바로 답부터 보지 말고 본인의 공부 자료를 다시 살펴보면서 문제를 풀기 위해 어떤 부분이 부족했는지를 점검해 봐야 한다. 문제를 틀렸더라도 "그냥 틀렸구나." 하고 넘어가지 말고 왜 그 문제를 틀렸는지, 어떤 사고 과정과 의식의 흐름에 따라 그런 답을 적었는지 점검하여 후일에 발생할 수 있는 2차적 실수를 예방할 수 있어야 한다.

틀린 문제는 본인이 지금까지 공부한 자료를 통해 1차적으로 확인해 봐야 하는데 그 이유는 망각을 줄이기 위함도 있다. 사람의 기억력은 그리 좋지 못해서 7~8월 문제 풀이를 한다고, 9~10월 모의고사를 한다고 본인의 자료를 다 내려놓고 강사의 해설지나 해설 강의에만 매달리면 그동안 공부하며 쌓았던 인지구조는 점점 허물어지게 된다.

내가 공부한 자료를 소중하게 생각하고 내 자료를 바탕으로 문제의 답을 1차적으로 구해 봐야 복습 효과도 있는 것이지, 문제 풀이와 모의고사에 매진하느라 그동안 공부한 것을 뒷전으로 놔두면 애써 공부한 것들이 수포로 돌아간다. 그러니 문제의 답을 확인할 때는 가능한 본인 자료로 먼저 정답 여부를 확인하기 바라며, 그래도 잘 모를 경우 강사의 해설지, 해설 강의를 참고하여 부족한 내용을 보충해 놓도록 하자.

6) 좌절하지 말자

강사의 문제 풀이와 모의고사 점수를 받아 보면 자존감이 이루 말할 수 없을 정도로 떨어질 때가 있다. 요즘은 점수만 입력하면 그 모의고사를 치른 수험생 중 상위 몇 %에 속하는지도 알 수 있는데 데이터가 정확할수록 더욱 더 실망하게 되는 게 우리다.

허나, 너무 낙담하지 말자. 그리고 좌절하지 말자. 나도 그랬고, 합격생들도 그 순간을 다들 겪었다. 점수는 한 번에 쑥쑥 오르는 것도 아니고 최소 1개월에서 2개월에 걸쳐 조금씩 오르는 것이므로 문제를 반밖에 못 맞혔다고 너무 슬퍼하지 않아도 된다. 그리고 모의고사 문제는 기출문제 스타일과는 다르기 때문에 본인이 철저하게 기출분석을 자기 주도적으로 해왔다면 강사 스타일의 문제에 적응을 하지 못해 점수를 획득하지 못한 것일 수도 있다. 이런 경우는 문제가 아니라 오히려 바른 방향대로 공부하고 있다는 증거일 수 있다.

나도 이런 케이스에 속하는데 모의고사를 보면 매번 반타작을 겨우 넘긴 정도였었다. 공부를 포기해야 하나 싶을 정도로 실망감이 커 어디다 조언을 구할지 고민하다가 친하진 않지만 작년에 합격한 선배에게 전화하여 자문을 구한 적이 있었다. 갑작스럽게 전화를 드려 죄송하지만 지금 이 상황에서 임용을 포기해야 하는지, 계속해야 하는지 진지하게 물어봤었다. 그 선배는 편입을 했기에 4학년에도 24학점씩 꼭꼭 채워서 수업을 들었어야 했다. 그럼에도 불구하고 초수에 합격을 했기에 나와는 결이 다른 사람이라 생각했는데 의외의 답변이 나에게 용기를 심어 주었다.

"나도 그랬어."

실로 믿을 수 없었다. 그 선배도 그랬다니. 그 선배도 반타작밖에 못했다니. 그래도 합격을 했다니. 그럼 나도 그럴 수 있다는 건가? 그 한마디 말에 희망을 얻어 다시 공부를 할 수 있었으니 지금도 그 선배에게 감사한 마음을 갖고 산다.

그렇다. 모의고사는 수험생의 실력을 객관적으로 점검해 주는 것 같기도 하지만 또 한편으로는 제대로 점검해 주지 못하기도 한다. 모의고사에서는 늘 좋은 점수를 받아도 실제 시험장에서는 1차 컷도 못 넘기는 사례도 있고, 나와 같이 모의고사에서는 늘 반타작이었지만 1차 컷에서 8점 높게 붙은 케이스를 본다면 모의고사 점수로 지나치게 일희일비할 필요는 없다는 것을 알았으면 한다.

그러니 점수가 어떻게 나왔고, 또 앞으로도 어떻게 나오든 간에 점수에 연연하지 말자. 그저 틀린 문제가 있으면 그 문제에서 다루는 개념이 기출 개념을 심화·확장한 것인지 확인하고, 그렇다면 그 문제를 통해 내가 개념의 어떤 부분을 정확히 이해하지 못했는지, 암기하지 못했는지 확인하여 보충 공부를 하면 된다. 그게 문제를 현명하게 활용하는 방법이다. 절대 점수에 압도되지 말자. 결혼도 결혼식장까지 가 봐야 아는 것이듯 1차 점수도 시험장에 가서 문제를 풀어 보기까지는 모르는 것이니 낙심하지 말고 깡 있게 밀고 나가자.

문제풀이 전략	1. 실수는 실수가 아니다	
	2. 오답노트	
	3. 시간관리	• 쉬운 문제부터 풀기 • 다시 풀기 • 문제당 걸리는 시간 점검하기 • 15~20분 일찍 끝내자
	4. 가장 중요한 건 기출문제	
	5. 답부터 확인하지 말 것	
	6. 좌절하지 말자	

임용고시
합격전략 2

ⓒ 김기훈, 2019

초판 1쇄 발행 2019년 8월 12일

지은이   김기훈
펴낸이   이기봉
편집   좋은땅 편집팀
펴낸곳   도서출판 좋은땅
주소   서울 마포구 성지길 25 보광빌딩 2층
전화   02)374-8616~7
팩스   02)374-8614
이메일   gworldbook@naver.com
홈페이지 www.g-world.co.kr

ISBN   979-11-6435-504-4 (03190)

이 도서의 국립중앙도서관 출판예정도서목록(CIP)은 서지정보유통지원시스템 홈페이지(http://seoji.nl.go.kr)와 국가
자료공동목록시스템(http://www.nl.go.kr/kolisnet)에서 이용하실 수 있습니다. (CIP제어번호: CIP2019028869)